# 尋找陳篡地

## 1947

### 遠方歸來的人

主編 張辰漁

漫畫 阿鄉

編劇 阿虎&鹿青、莊岳燊

# 目次

推薦序

# 大時代下，被淹沒的台灣人故事

吳念真（導演）

小時候喜歡聽大人講話，覺得那些內容根本就是「同溫層」外另一個世界裡的傳奇，是沒有被印成文字的「課外讀物」，新鮮、動人、有趣，因此經常在腦袋裡反芻浮現，很難遺忘。

而且那些大人多數是沒受過多少學校教育的礦工，因此無論是敘述或議論都直白簡約，沒有華麗的詞藻修飾，讓聆聽的自己多了天馬行空的想像空間，以及不被框限的、完全屬於個人的情感反射。

記得有一個阿伯，名字早就被我遺忘了，但直到現在卻都還記得他的模樣，因爲村子裡的長輩們對這個人極其簡單的描述是「天公仔囝」、「沉船兩擺攏無死去」。

在當年小小的腦袋裡，光後頭這句就已經足以讓我充滿好奇和想像，因爲搞不懂這個始終生活在山谷礦區裡的阿伯和沉船會有什麼關係？而且還沉兩次！

有一天，鄰居一個大哥哥要去當兵了，當年村子裡的慣例是出發的前一個晚上集福社的子弟團要到役男家裡演奏送行，阿伯也是團員之一。

也許是看到役男的媽媽一直放心不下，整個晚上眼淚沒有一時停歇吧，阿伯就在演奏結束的點心時間安慰她要寬心，說現在當兵已經沒有以前那麼危險啦，然後就以平靜的口吻說起當年自己被徵召去南洋當軍夫的過往。

說在軍艦裡暈船吐到想跳海，沒想到後來還眞的不得不跳海，因爲軍艦被美國的魚雷打到，船將沉，海面都是燃燒的浮油，他被推著跳進海裡去之後，完全找不到沒有火的空隙可以浮上來換氣，覺得整個肺都要炸開了，心裡想著：我大概就要死在這裡了吧？然後就哭了出來，心裡唸著：「觀世音菩薩，請祢接我來去吧！」

他說說也奇怪，就在這時海面的火滅了，感覺腰部有一股力量把他的身體往上托，他心裡想，一定是觀世音菩薩來抱他昇天了，所以很平靜也很感恩，沒想到後來才發現是另一艘日本軍艦的救生艇在他氣絕之前用長柄鉤鉤住他的腰帶把他撈了上來！

只是，誰也料不到這艘解救他的軍艦在抵達目的地之前，同樣又被美國的魚雷打沉，只是這一次比較幸運一點，旁邊不遠處就是一個荒島，他們漂到島上，幾個星期之後才被海軍部隊接去馬來亞……

至於馬來亞的經歷則是他另外一個既壯烈又傷痛的故事了，但不是當天晚上說的。我記得阿伯在講他遭遇沉船的過往時，大家的眼神都集中在他的臉上，安靜地聽著，連役男的媽媽似乎都忘了哭泣。

我不知道當時在場的所有人心裡在想什麼？被撩撥起什麼？疑惑著什麼？或者被哪一部份感動著？

至於擠在大人的縫隙中完全不被注意到的我，當時完全沉浸在那個宛如電影的情境中，想像著暈船嘔吐的樣子、魚雷的長相、海面都是火的畫面、荒島的形狀……至於這些想像的細節背後那個屬於這個島嶼特有的時代和命運，都要很久很久之後才慢慢拼湊出來。

從沒想到的是，事隔將近六十年後，我竟然會在《尋找陳篡地：１９４７遠方歸來的人》這部漫畫創作裡和當年對「沉船」的想像重逢。

同樣一群台灣人在相近的時空裡奉命前往南洋作戰，船艦被美軍擊沈的經歷，村子裡的阿伯說的是人生故事裡一個充滿幸運和感激的結尾，鼓舞、安慰了當場的許多人，而在這本漫畫裡同樣的畫面告訴我們卻是：「神靖丸遭美國海軍艦隊攻擊沉沒，船上五十九名醫生、八十名醫務助手、兩百名農業生產工員，最後僅九十五人獲救……」，而這些看似冰冷，但卻殘酷到令人不忍的數字所意涵的時代悲愴，卻只是陳篡地這個人的生命故事的開端而已。

歷史，是無數小人物生命歷程的彙總，而不是少數所謂英雄豪傑斷章的集成，我想很多人都同意這樣的說法，一如許多作家曾經以實際作品告訴過我們的：「大時代的眞實面貌必須從小人物求生的掙扎處著眼，但遺憾的是，小人物的故事卻通常最容易被忽視、被摒棄、被掩沒。」，礦村阿伯的遭遇以及陳篡地動盪顚簸的生命歷程，若非他自己找到適當時機願意陳述，或者透過有心的創作團隊願意深掘並以最合適的媒介轉述的話，這些驚心動魄、血淚斑斑的歷史眞實可能就像神靖丸上兩百多條生命一樣，消失於深海之下無影無蹤不可復尋。

謝謝辰漁、阿虎&鹿青、阿鄉等等這些人，因爲你們的有心和用心，才讓我在人生已近黃昏的這個階段認識陳篡地這個人，並且因爲你們是以大量留白的減法方式來敘述這個故事，讓我在閱讀過程中反而有了更多的想像空間，想去尋找更多相關資料填補對那個時代不足的理解的缺憾。

漫畫，一直以來就承擔著「類影像」的功能，製作上比電影、電視經濟，自主性強也靈活，對大眾普遍的閱讀接受度來說，它比單純的文字更容易讓人親近，要講小人物的故事給大眾聽，讓他們更理解這塊土地曾經的苦痛、奮鬥與掙扎，漫畫當然是好的媒介，至少，你即將開始閱讀的這一本就是最好的證明。

推薦序

# 用容易吸收的形式，說著台灣人的故事

蔡依橙醫師（陪你看國際新聞創辦人、亞洲心臟影像指引召集人）

世界柔軟與前衛出版社合作的這一系列關於台灣歷史的漫畫，是很有意義的。

新一代的年輕人們，往往會對政治感到厭煩與冷感，更不喜歡接觸沉重且傷痛的歷史。使用漫畫這樣容易吸收的形式創作，在基於史實的前提下，快速進入重點、節奏明快、呈現出大時代環境與人物的各種戲劇化，是讓未來一代又一代能持續認識台灣的重要耕耘。

這次講述陳篡地的故事，內容相當精采，一樣基於史實、一樣好閱讀好吸收且令人感同身受。也帶出了許多值得深思的細節。

首先，這個故事明確指出了，聰慧且意志堅定者，在那個大時代的思想與行動困境。日本時代，對軍國主義日本的發展憂心，於是加入地下組織談論政治，因此被關。中國國民黨時代，無法接受軍警系統的殘暴，武裝反抗，但最終不敵優勢火力，只能逃亡山區自囚，終於還是連累了幾位親屬。

我們可以自想，如果生活在那個時代，年輕的你我相信時代應該更好，會怎麼做呢？

你會從哪裡獲得思想武器，又能採取哪些有效的行動呢？或者，有著後見之明兼全知之眼的我們，會做出什麼更聰明的決斷？

其次，本書有效開啓讀者對複雜時代的好奇心。陳篡地武裝對抗蔣政權後，竟得以免除一死，還能行醫終老，考量到抓捕過程槍決過五位陳篡地家屬，這個差別待遇著實令人好奇。書中選擇不提，可能的原因，或許是希望讀者自行延伸搜尋。

稍加搜尋便能知道，部分學者推測，可能是同爲二水人也是台中一中同班同學的謝東閔保釋，發揮了效果。但陳家後代則認爲，謝東閔並未插手此事。

在這系列的《46：1949白色恐怖的濫觴》一書中，也曾經出現過謝東閔。是以傅斯年積極配合特務抓捕學生，謝東閔即使在壓力下也不配合，寧願辭去師大校長的情節出現。

謝東閔是所謂的「半山仔」，也就是中國國民黨「以台灣人治台灣人」過程中拔擢的台籍菁英。這些半山仔的歷史評價相當複雜，有些人認爲他們助紂爲虐，但另一些人則認爲，他們使用了自己的影響力，暗地裡對台灣人多所維護。

你的看法呢？

第三，漫畫的形式呼應主題。作者在不同階段，使用了不同的節奏跟畫法。其中穿插了無對話章節，一切盡在不言中，包括造成阿成死亡的越南衝突，以及陳醫師回家後與妻子謝玉露醫師的生活互動。

這些穿插與風格的切換，使得閱讀體驗顯得碎片化。但仔細想想，陳篡地的一生，就是這樣的碎片化。不管是政權、戰爭狀況、政治意識形態、自己的身分、生活的環境，都在持續的轉換，沒有什麼是固定的，硬要想個主軸好像也說不上來該是什麼。

這正是過去一百多年，台灣人的縮影。在國際局勢變化的海景第一排，我們沒有什麼能夠確定的，只能秉持善良之心，持續適應、持續學習、持續前進。如此而已。

推薦序

# 死生難測，小事積累離夢想更近——漫畫《尋找陳篡地》

林莉菁（旅法漫畫家、Ulysse歐洲動漫風景站長）

數年前經過台中霧峰，長輩介紹我參觀一場當地文史展，看到二戰期間神靖丸遭美軍炸沉的慘事，當年只有三分之一的人獲救。後來讀到陳篡地醫師傳記，才知道他是神靖丸船難事件倖存者之一，戰後反抗國民黨獨裁政權壓迫志業未成，在情治單位監控下度過餘生。

陳篡地醫師如此高反差的人生，漫畫家阿鄉以美國軍機鳥瞰視角攻擊神靖丸的空襲行動開場，最後由陳家家常料理菜脯卵（chhài-pó-nn̄g）結尾。

垂老的陳醫師夫婦tī厝準備早頓，情治人員坐在客廳看報紙，平整的分鏡與人物少有的動作讓氣氛看似平和日常。而之前幾章，二二八事件爆發，台灣民眾與國府在台勢力爆發衝突。衝突現場掛著一張以台北中山堂為背景的大合照，前景以慢動作呈現衝突場面，對照牆上國府人員剛到台灣的官民一家親大合照，相當諷刺。

陳醫師抵抗國民黨政府不成後退入山區，躲藏數年。家人某日送來的便當盒內只有一小塊菜脯卵，篡地仙落淚，他當下理解統治島嶼新殖民政權的本質，比上一個政權更加厚黑難測，比當年差點吞噬他的大海更加無情，他無法拯救其他人，他必須保住獨裁政權下受煎熬的妻兒。

戰後拿起武器反抗國民黨獨裁政府的簍地仙，本來只需要拿聽診器看診，就可以跟妻兒好過日。留日時因參加政治活動入獄，還好獲日本教授保釋出獄。二戰時被日本軍方派到西貢，看到街頭無助的平民，他想做點什麼，然而他能力有限，孤身小卒仔無法接濟眾生。當二二八事件爆發，他跟眾人起來反抗，海峽對岸湧來的中國軍隊輾碎了他與同志們保衛家鄉的希望。戰後那個扭曲的年代，捍衛鄉里的醫師反而成了逃犯。村民跟著新來的殖民政權醜化他，連小孩也有樣學樣跟著附和，全家人跟著逃犯阿爸一起黑掉。

陳醫師的日本老師在書中轉述父親對人生的看法，人出生跟死亡時都沒有多少記憶，活著時就好好累積生活小事，這樣也許會更接近夢想吧。神靖丸沉沒時，簍地仙只能救自己，當整座島嶼陷入國民黨獨裁統治的慘白洪流時，他也只能盡自己能力所及做點事情，對方很強，但他用自己的方式靜默反抗。就像當年神靖丸船難時，他跟其他倖存者緊抓木板，在海中耐心等候，沉默地看著現世流變，等候島嶼民主天光到來的那一刻。

出版序

# 影響人生的選擇

張辰漁（世界柔軟數位影像文化有限公司總監）

"We can easily forgive a child who is afraid of the dark, the real tragedy of life is when men are afraid of the light."（我們可以原諒孩子害怕黑暗，但若成人畏懼光明，便是人生眞正的悲劇。）

二〇一八年，《漫談台灣》系列漫畫的故事開發正在如火如荼進行時，身體一向硬朗的阿公突然過世了。

得知消息的當下，除了惋惜少有機會相聚，更遺憾的是自己對於他年輕時的各種經歷，所知其實相當有限。

印象中他常聊起年輕時一段艱苦的日子，每天騎著將近一百公里，路程四、五個小時的腳踏車，從雲林縣西螺鎮的盤商批進菜貨到嘉義市區販售、並帶一些西螺鎮少見的商品回去轉賣。後來，阿公在一次睡夢中經土地公指點，依循夢境中的指示到嘉義車站找人拜師學藝，最終習得一技之長，開立自己的家業，逐漸改善經濟狀況。

相較於戰後回到台灣的種種往事和境遇，關於他在太平洋戰爭期間被徵召加入日軍

「特設勞務奉公團」前往菲律賓戰場，並遭美軍俘虜的故事，阿公卻似欲封存般的極少提起，成為我對他的了解中一段無法填補的空白。或許是冥冥之中的安排，陳篡地醫師的故事這時出現在我的眼前。

第一次聽到陳醫師的名字，是在鍾逸人先生所著的《此心不沉：陳篡地與二戰末期台灣人醫生》一書，而後有賴團隊的研究和田野調查，逐漸完整了他的生平敘事。陳醫師在二二八事件期間，領導斗六民兵抵抗國軍並率眾攻打虎尾機場。在雲林古坑的「樟湖戰役」後，他藏身於二水老家後山的山洞六年，直到一九五二年遭人密報，以談和條件離開藏身處「被自首」。出獄後的陳醫師遷居台北，雖不再參與政治活動，但一直照顧曾經幫助他或因他受累的人。

這樣一位親身參與二十世紀台灣重大歷史變革的重要人物，為什麼在已出版的文字資料中，關於他的生平故事竟屈指可數？但如果他不具代表性，又為何仍在民間傳聞中屢屢被提及，甚至製作成布袋戲公開演出？

這也許是因為那些陳醫師終其一生不斷遭遇、複雜的人生選擇吧？面對國軍的進逼和搜索，他如何度過似乎永無盡頭的藏匿和自囚，又如何在出獄後被迫遷、監視的情況下自處？除此之外，在訪談的過程中，我們得知陳醫師的妻子謝玉露醫師，為了保護孩子不受到政府的追捕，在事發後將兒子帶往彰化莿桐腳躲避，更為了安全絕口不提任何關於陳篡地的消息，而陳篡地的親族更直到受刑前，仍拒絕招供其藏身之處。今天的我們無法想像前輩們在做出這些選擇背後的心情和想法，但透過漫畫的詮釋，讀者有了思考的契機：試問自己，如身處這樣的時空背景，又會做出怎樣的抉擇？

《尋找陳篡地》中有別於《漫談台灣》前三輯，第一次以眞實歷史人物作爲故事主角，完整敘述其人生經歷。雖然部分情節因爲劇情需要略有更動，但皆是在紀實的原則下根據調查和研究資料調整的結果。而本書得以問世，特別感謝人權記者陳銘城先生的熱心協助，陳篡地醫師次子、三子陳彥文先生、陳彥良先生、陳彥文先生妻子阮麗娟女士、以及與陳醫師同案陳文魁先生之小舅曾信夫先生慷慨受訪。

漫畫完成時，我帶著樣稿請陳彥文、陳彥良先生提供建議，當天訪問後受到陳先生一家人招待到附近的餐廳聚餐。十一月的台北已略

2023年11月訪問陳彥文先生（圖左）陳彥良先生（圖右），兩人提及過往依舊陳采奕奕。

有涼意，剛從美國返台的彥良先生雖然年長，但步伐穩健，他從嫂嫂手裡接過輪椅，推著許久未見的哥哥在一片金黃的暮色下走過人行道和馬路，不時交耳關心對方。如此看似平常的畫面卻讓我至今難以忘懷，雖然那些痛苦和磨難從未遠去，但這個家庭依舊緊密的支撐著彼此前行。

陳篡地醫師的故事，反映了一九三七年九月以來，超過二十萬名以上投入日本戰事的台灣人中的一個面向。這些台籍日本兵有超過三萬人在戰事中死亡，而當中有太多悲歡離合及整個世代的傷痛無法被訴說。謹以此書的出版，獻給那些在當時紛亂的局勢下奮力活著的人們，以及那些被遺忘的台籍日本兵的青春。

# 人物介紹

## 陳篡地（1907-1986）

出身於彰化二水，個性沉穩。在日本求學時加入左派團體而被囚禁兩年，回台後與同樣身為醫生的謝玉露結為夫妻，在雲林斗六開業。長子早夭，並育有弘倉、彥文、彥良、彥守四子。二二八事件爆發後，陳篡地被推舉為斗六治安維持會召集人，並與國民政府進行激烈的抗爭，其藏匿地點被發現後，有條件的與國民政府和談，此後終身受到情治單位監控。

## 阿成

陳篡地在大阪高等醫學專門學校的同學，在日本與陳篡地一同參與左派團體，後來更一起被徵召到南洋服役，是患難與共的生死之交。生性樂觀，即便身處在戰亂的時代，仍對未來充滿希望。非真實歷史人物，角色原型為與陳篡地前往南洋擔任軍醫的同袍。

## 菊池教授

菊池潤一郎，大阪高等醫學專門學校的教授，陳篡地被囚禁後，將其保釋出來。臉上常掛著微笑，有時會忽然說出頗有哲理的話語。非真實歷史人物，角色原型為陳篡地在日求學時的教授。

## 謝玉露（1911-2011）

陳篡地的妻子，嘉義市人。出身當地望族的千金，在當時民風重男輕女的保守年代，赴日學醫並回台執業，是獨立與思想前衛的女性。個性堅毅，在陳篡地藏匿於二水山中時，憑一己之人維持整個家庭。

## 陳弘倉

陳篡地的次子，個性外向。只要與弟弟聽到同學批評父親，就會和對方大打出手。

## 謝彥守

陳篡地的么兒，與大哥弘倉一樣遺傳了父親幽默風趣的個性。

## 陳碧草

陳篡地姪女，聰穎可愛。主要都是由她送飯給躲在山洞中的叔叔。

# Chapter 1
# 神靖丸沈沒

一九四五年 越南外海

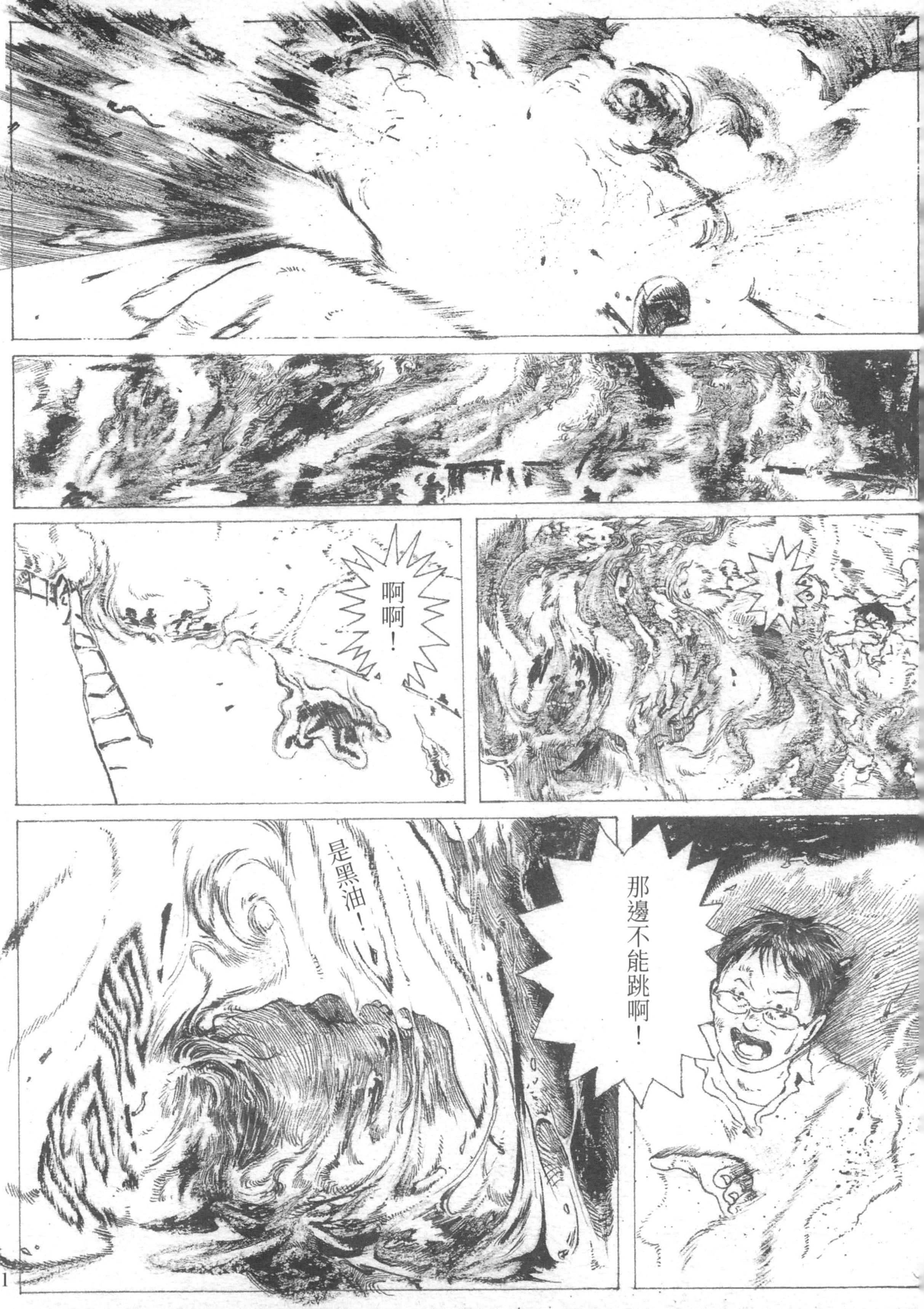
啊啊！
！
那邊不能跳啊！
是黑油！

篡地仔……
你在哪裡？
!
陳篡地─第二次世界大戰時期

啊！
救命啊！
啊哇！
田中！
轟轟
轟轟

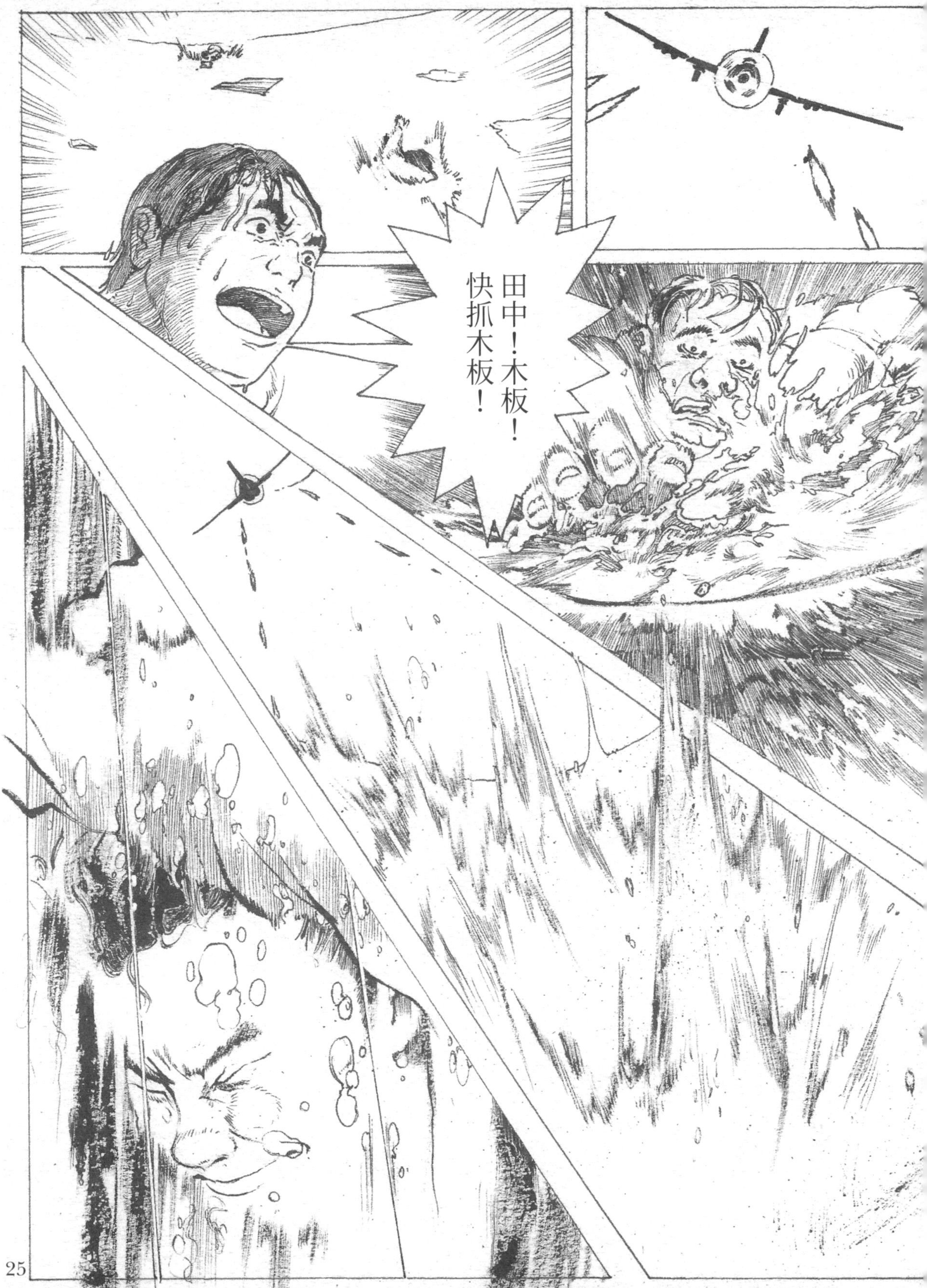
田中！木板！快抓木板！

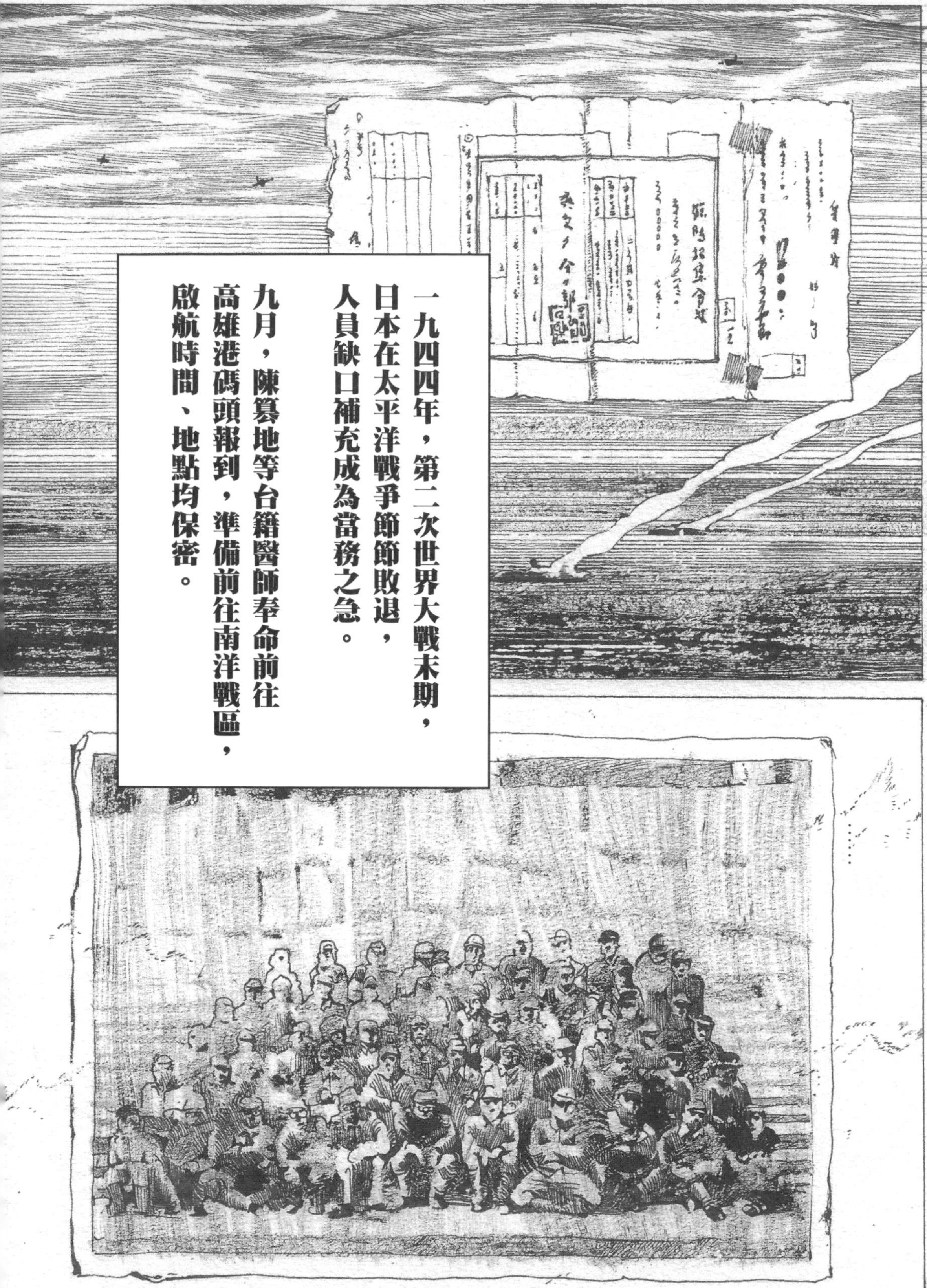
一九四四年，第二次世界大戰末期，
日本在太平洋戰爭節節敗退，
人員缺口補充成為當務之急。
九月，陳篡地等台籍醫師奉命前往
高雄港碼頭報到，準備前往南洋戰區，
啟航時間、地點均保密。

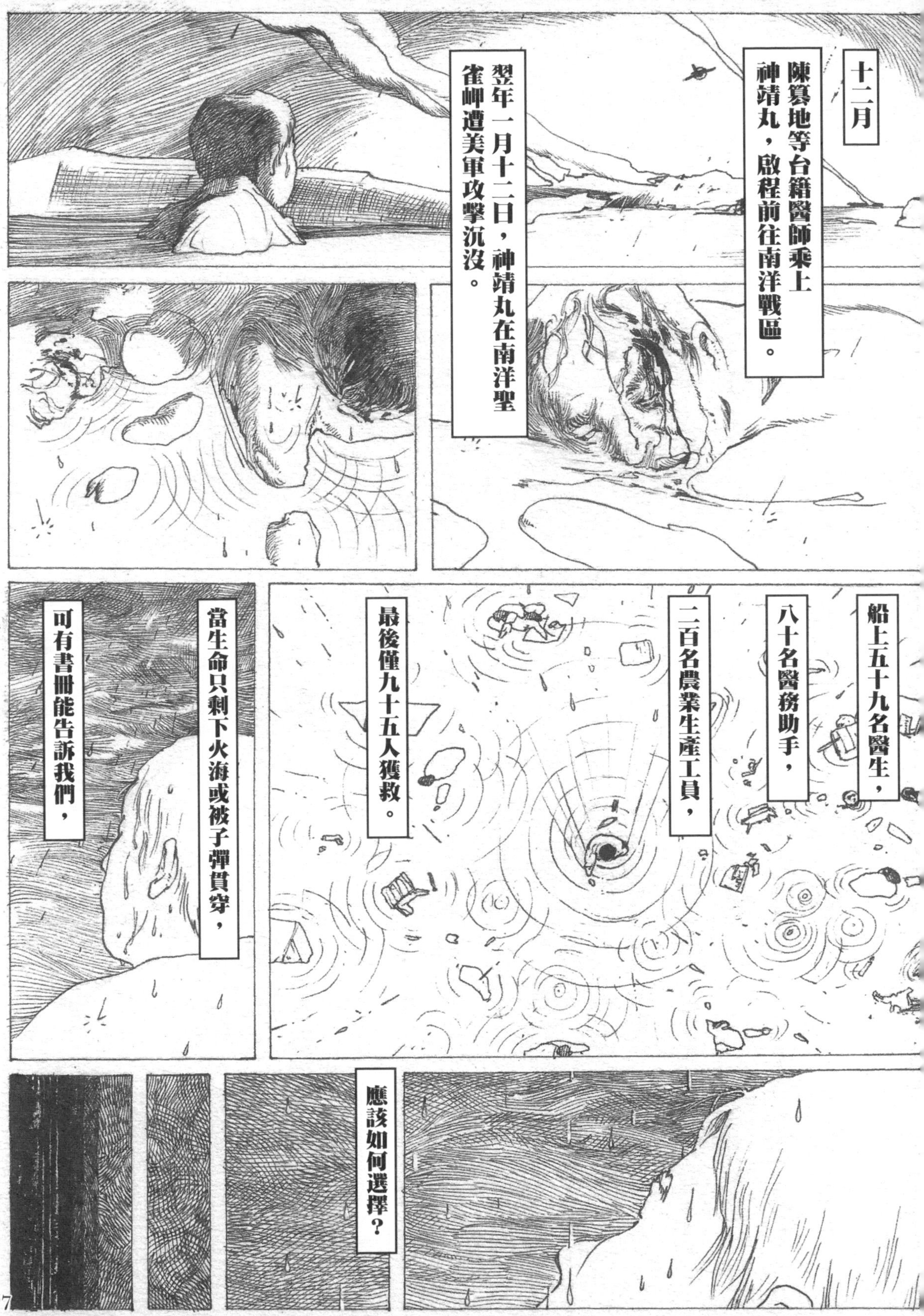
十二月
陳篡地等台籍醫師乘上
神靖丸，啟程前往南洋戰區。
翌年一月十二日，神靖丸在南洋聖
雀岬遭美軍攻擊沉沒。
船上五十九名醫生，
八十名醫務助手，
二百名農業生產工員，
最後僅九十五人獲救。
當生命只剩下火海或被子彈貫穿，
可有書冊能告訴我們，
應該如何選擇？

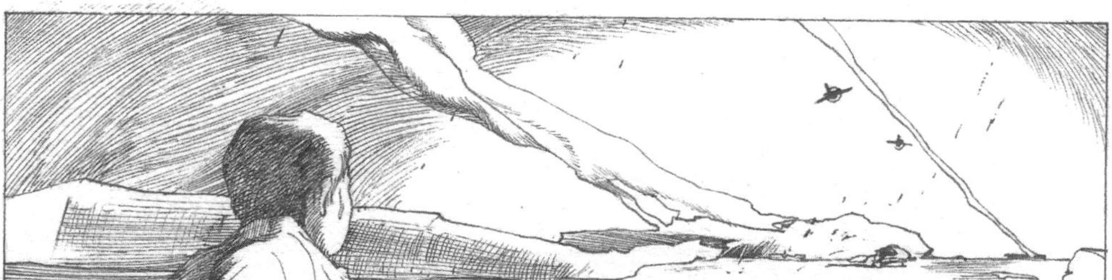

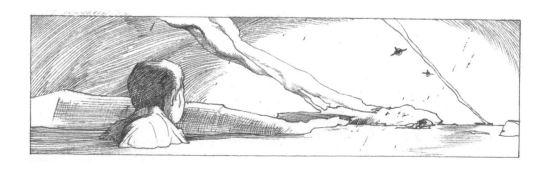

# Chapter2
# 赴雨人

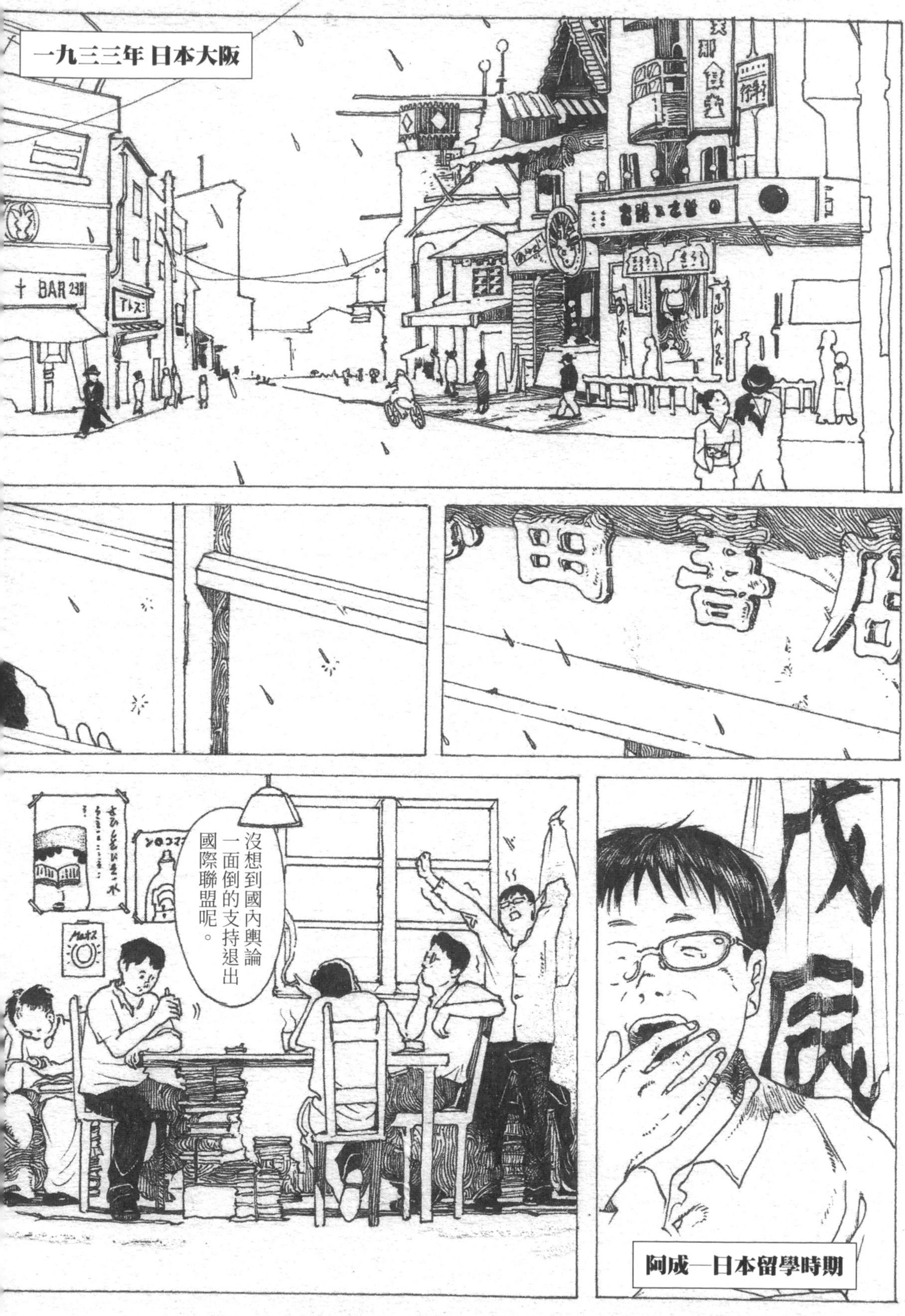
一九三三年 日本大阪
BAR
沒想到國內輿論
一面倒的支持退出
國際聯盟呢。
阿成—日本留學時期

畢竟大眾認為這是對國家最有利的選擇啊。
篡地君，要不要來一根？
我不抽菸，謝謝。
不過這麼一來，日本的軍事擴張恐怕只會更加肆無忌憚。
唉……
陳篡地—日本留學時期
啊……篡地仔，你看又下雨了。
戊辰會
每次你一來集會，就會下雨。
你真的是雨男啊，篡地君。

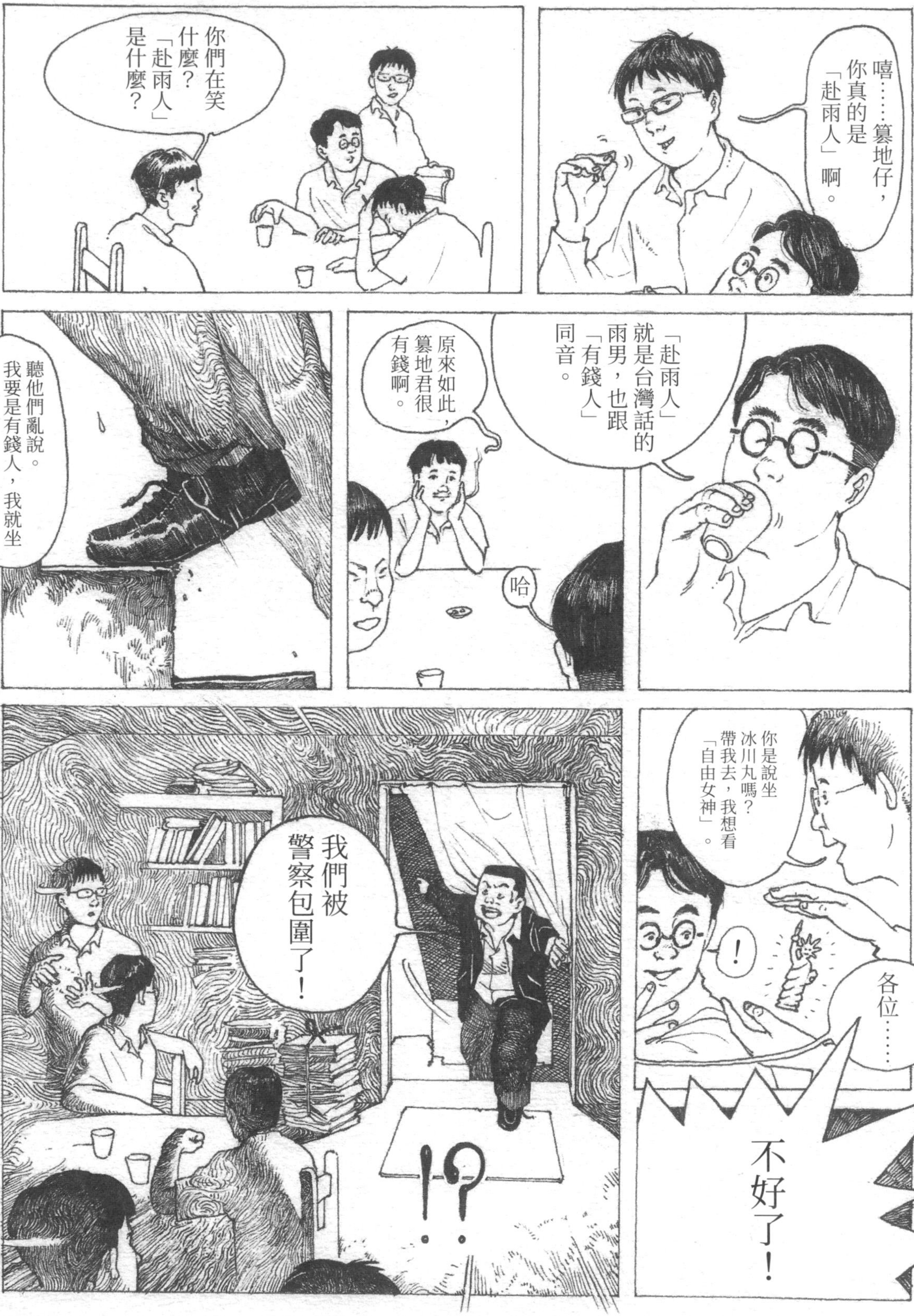
嘻……篡地仔，你真的是「赴雨人」啊。
你們在笑什麼？「赴雨人」是什麼？
「赴雨人」就是台灣話的雨男，也跟「有錢人」同音。
原來如此，篡地君很有錢啊。
哈
聽他們亂說。我要是有錢人，我就坐郵輪去美國見見世面。
你是說坐冰川丸嗎？帶我去，我想看「自由女神」。
!
各位……
不好了！
我們被警察包圍了！
!?

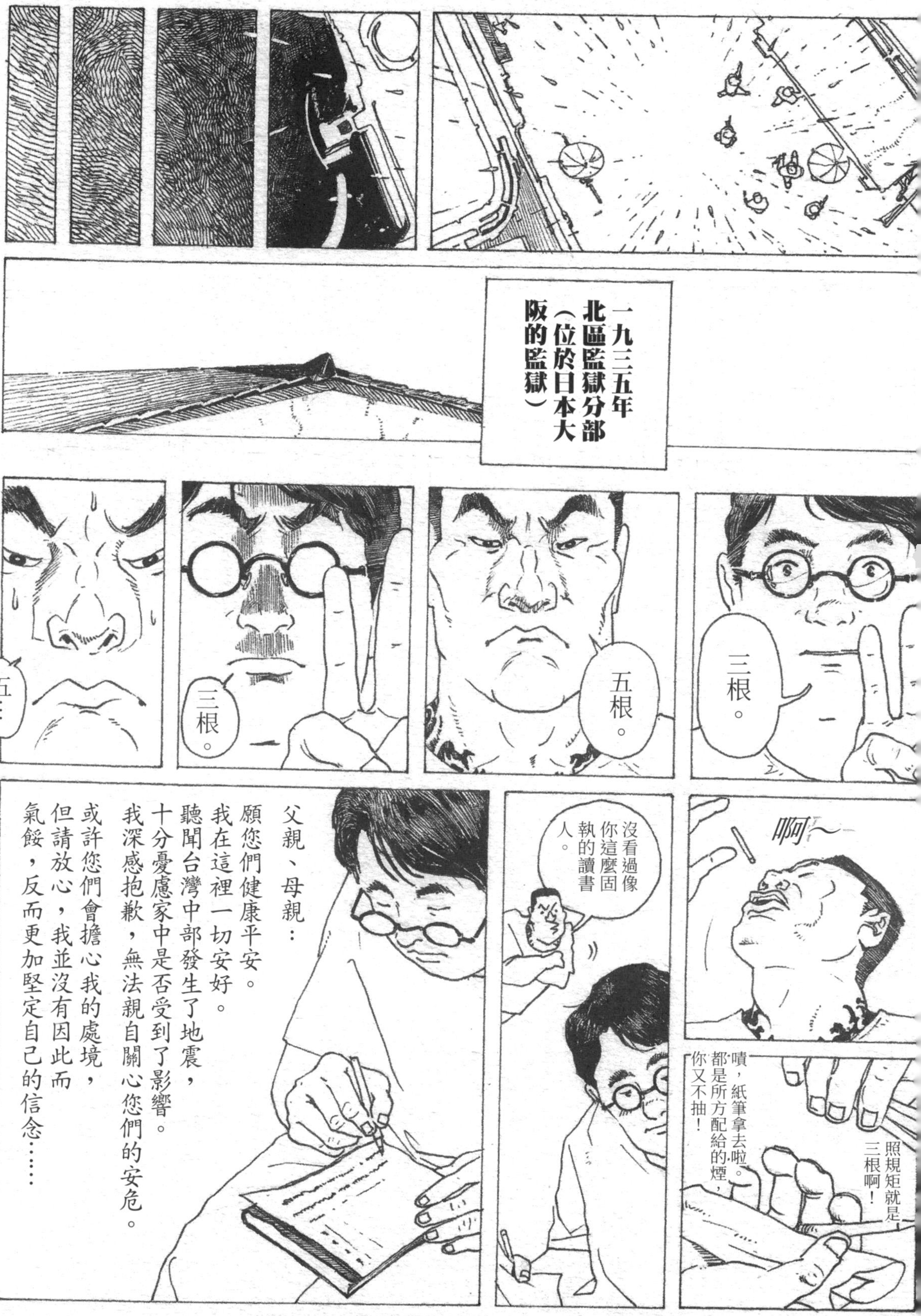
一九三五年
北區監獄分部
（位於日本大阪的監獄）
三根。
五根。
三根。
五……
啊～
照規矩就是三根啊！
嘖，紙筆拿去啦。都是所方配給的煙，你又不抽！
沒看過像你這麼固執的讀書人。
父親、母親：
願您們健康平安。
我在這裡一切安好。
聽聞台灣中部發生了地震，
十分憂慮家中是否受到了影響。
我深感抱歉，無法親自關心您們的安危。
或許您們會擔心我的處境，
但請放心，我並沒有因此而
氣餒，反而更加堅定自己的信念……

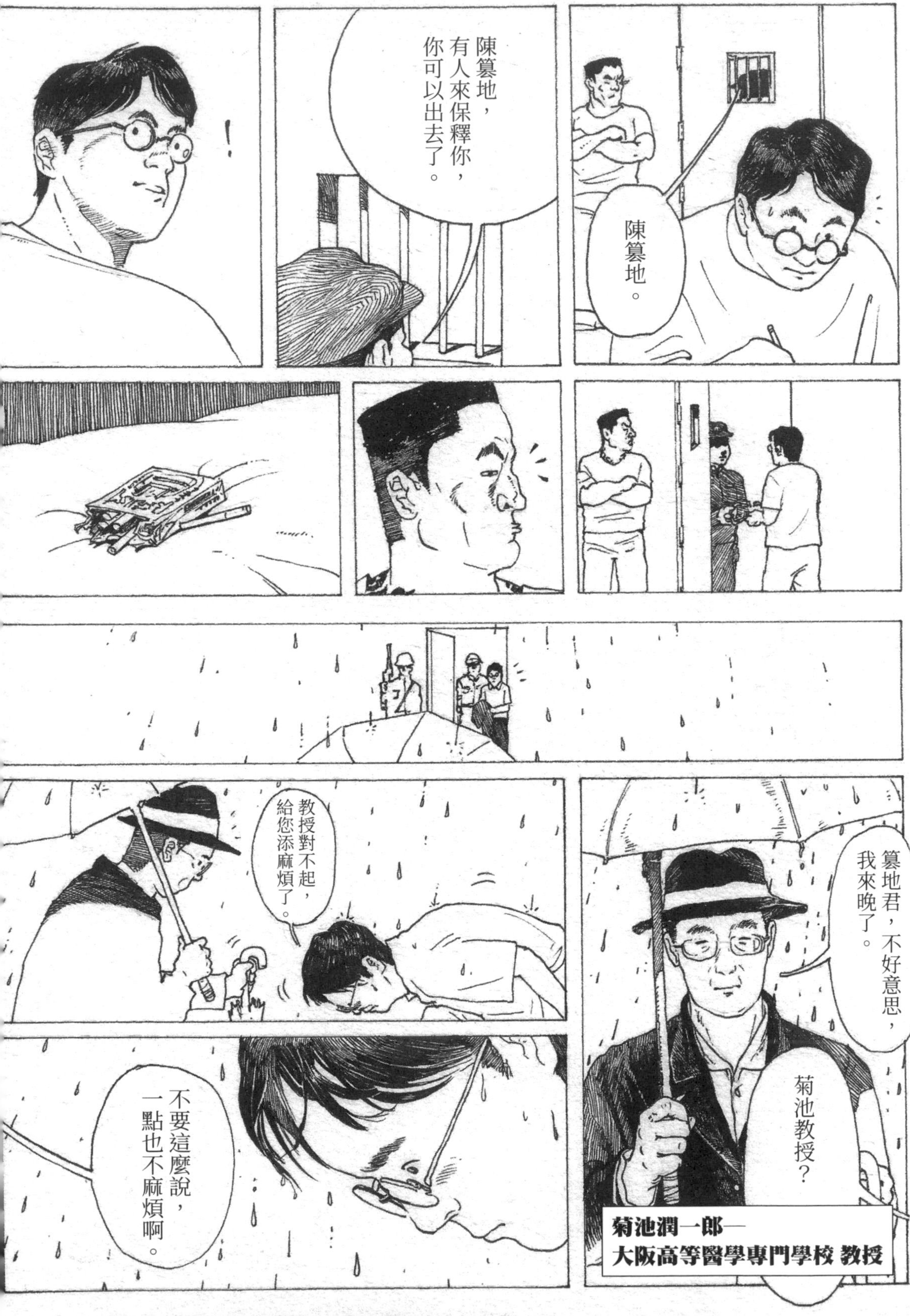
陳篡地。
陳篡地，有人來保釋你，你可以出去了。
篡地君，不好意思，我來晚了。
菊池教授？
菊池潤一郎—
大阪高等醫學專門學校 教授
教授對不起，給您添麻煩了。
不要這麼說，一點也不麻煩啊。

教授，再次感謝你的幫忙。但學生有一個無理的請求，還請教授一定要幫忙……
?
教授，拜託您也把阿成保釋出來。
下午我就去堺市把他保釋出來了。
他現在應該正在等我們回去呢。
非常謝謝教授——
篡地君，走吧。
教授，我還是感到很抱歉，我忽略了身為學生的本份，讓您擔心了。

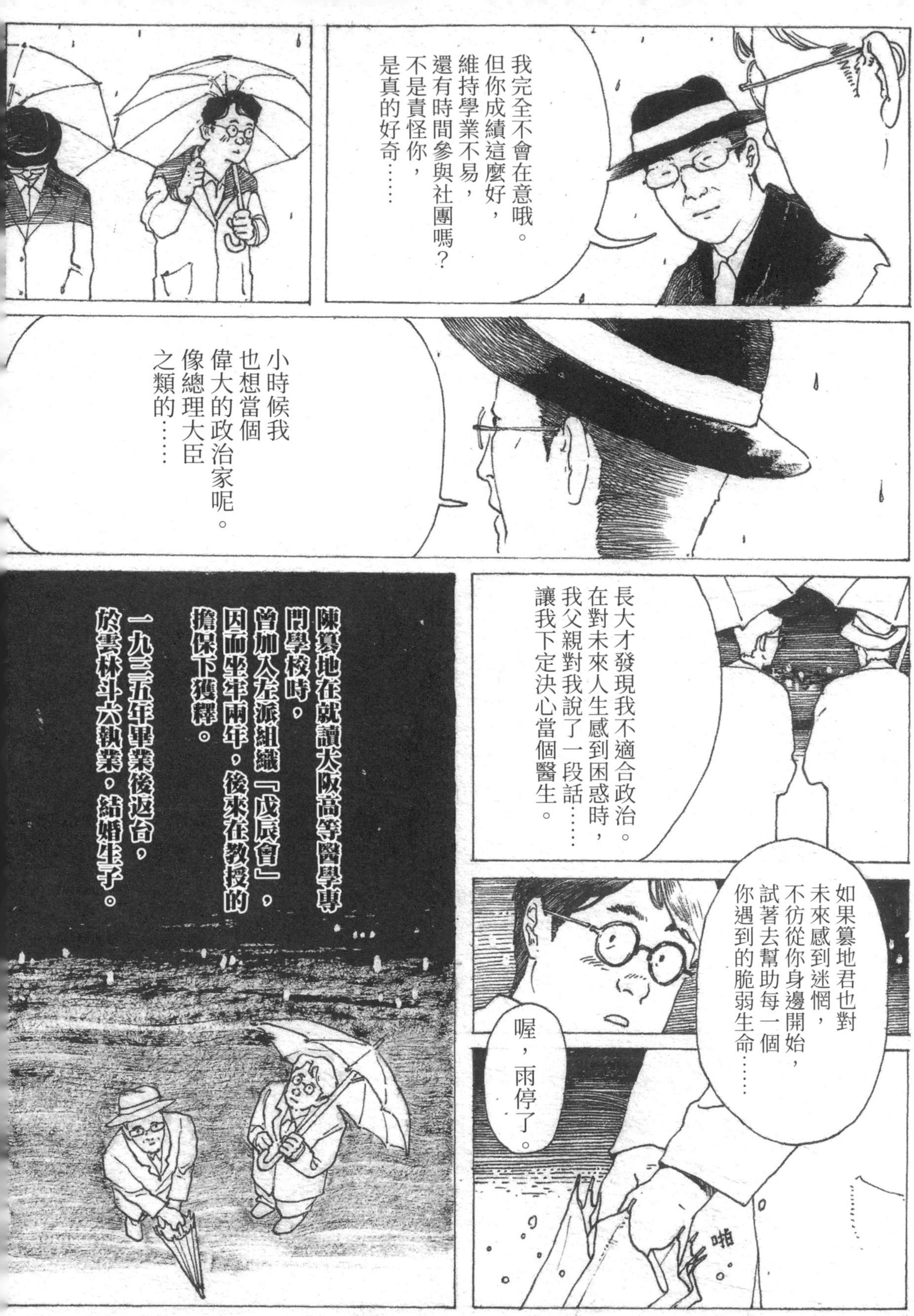
我完全不會在意哦。
但你成績這麼好，
維持學業不易，
還有時間參與社團嗎？
不是責怪你，
是真的好奇……
小時候我
也想當個
偉大的政治家呢。
像總理大臣
之類的……
長大才發現我不適合政治。
在對未來人生感到困惑時，
我父親對我說了一段話……
讓我下定決心當個醫生。
如果篡地君也對
未來感到迷惘，
不妨從你身邊開始，
試著去幫助每一個
你遇到的脆弱生命……
陳篡地在就讀大阪高等醫學專
門學校時，
曾加入左派組織「戊辰會」，
因而坐牢兩年，後來在教授的
擔保下獲釋。
一九三五年畢業後返台，
於雲林斗六執業，結婚生子。
喔，雨停了。
……
啪

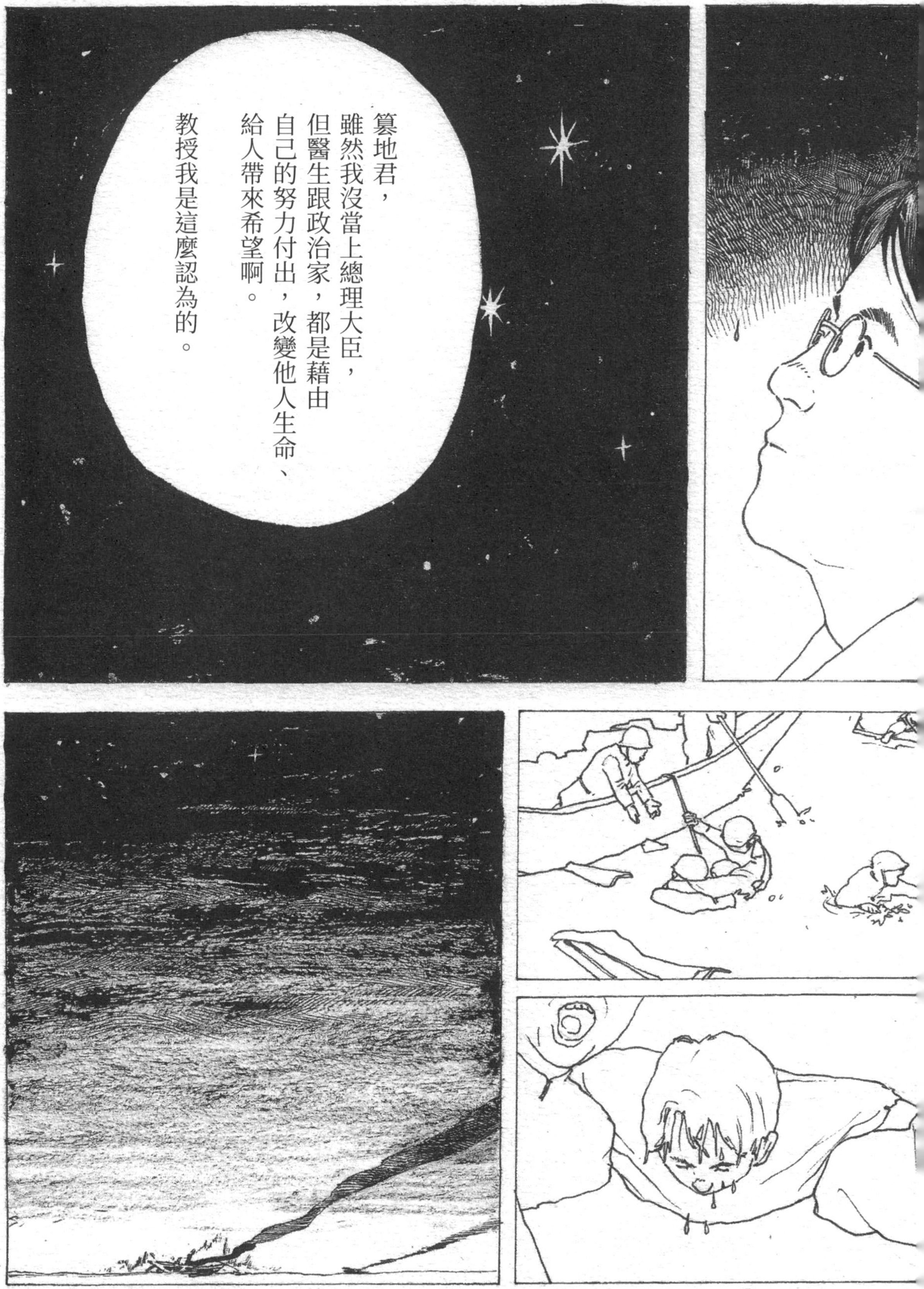
篡地君，
雖然我沒當上總理大臣，
但醫生跟政治家，都是藉由
自己的努力付出，改變他人生命、
給人帶來希望啊。
教授我是這麼認為的。

# Chapter3
# 越南

好熱——
趕快挖！通通不要偷懶！
阿成就是你！
在這個關鍵時刻，我要每一個人都全力以赴，做足準備，為了日本的勝利努力奮鬥！你明白嗎？
是！
神靖丸沉沒後，大難不死的陳篡地與其他生還者分別被送往泰國、越南、新加坡等戰地前線看診、執行戰地任務，沒日沒夜的勞動。

一九四五年
越南西貢
篡地仔，趕緊多吸幾口自由的香氣吧。
山本軍曹跟我說，他們的咖啡口味很特別。
篡地仔，來喝喝看？咱找一間內將（服務生）比較漂亮的……
阿成，回來再喝吧……

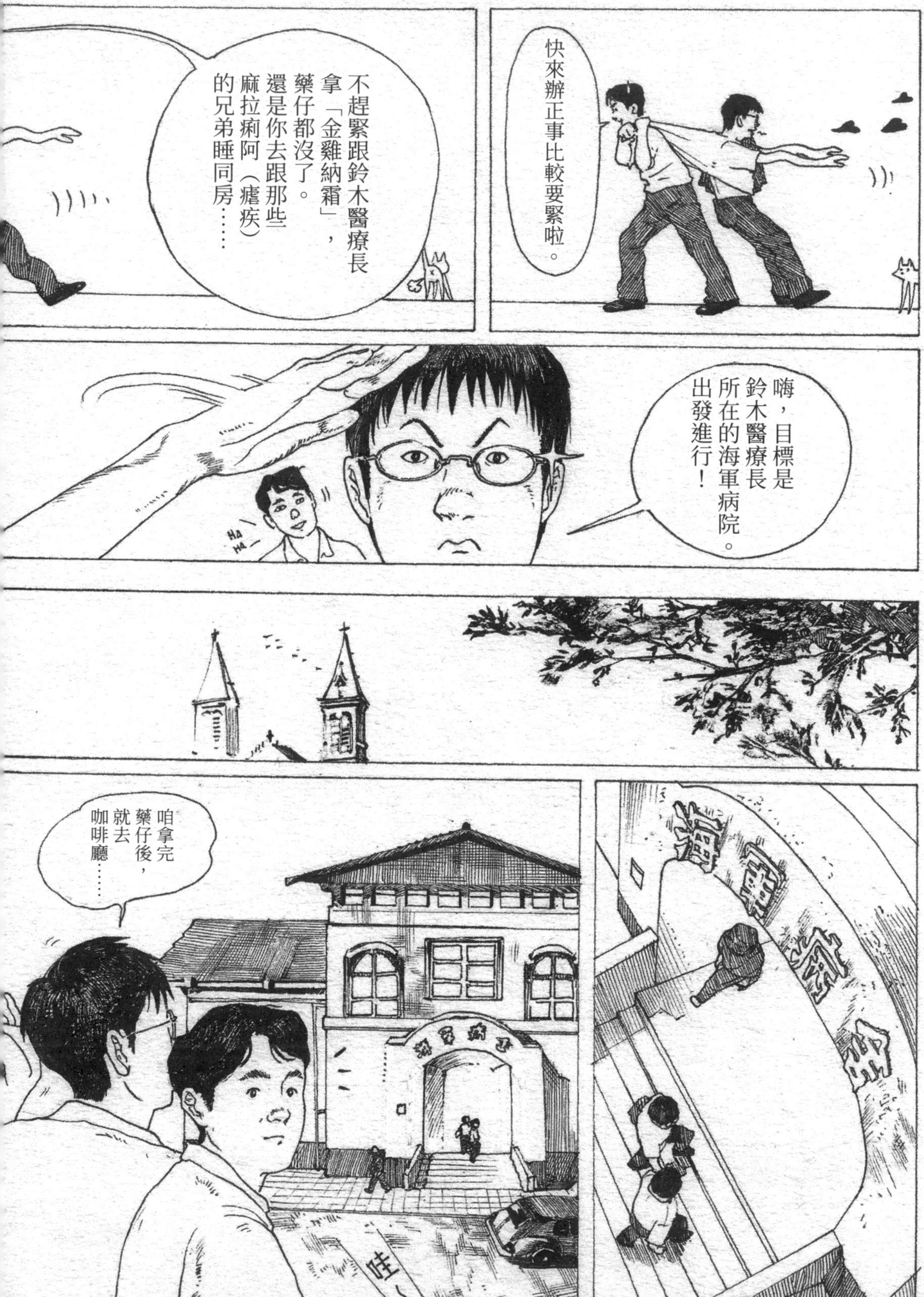
快來辦正事比較要緊啦。
不趕緊跟鈴木醫療長拿「金雞納霜」，藥仔都沒了。還是你去跟那些麻拉痢阿（瘧疾）的兄弟睡同房……
嗨，目標是鈴木醫療長所在的海軍病院出發進行！
HA HA
咱拿完藥仔後，就去咖啡廳……
哇～

?
哇～
篡地仔，不要過去啦，
聽說這裡也流行
麻拉痢阿……

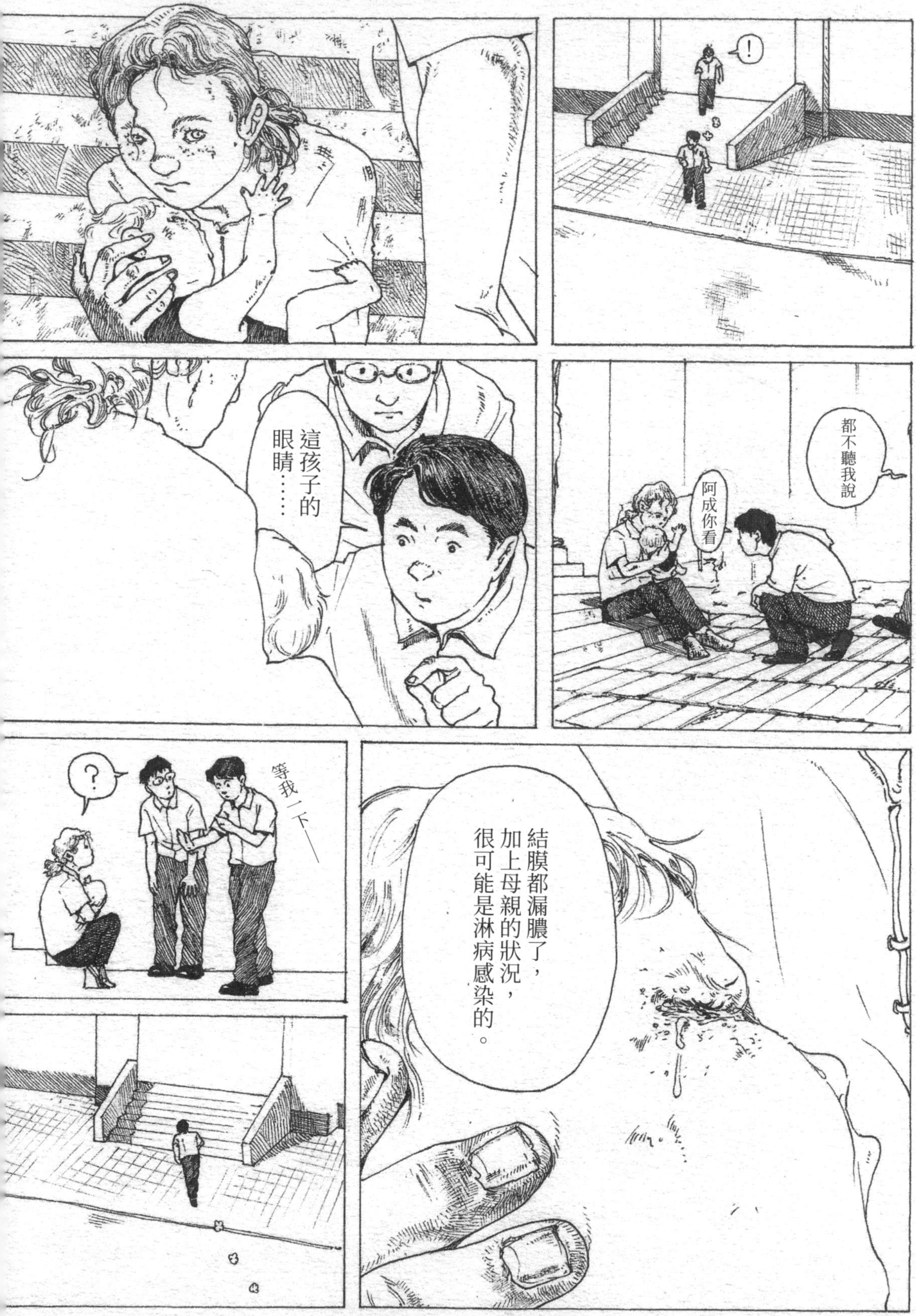
!
都不聽我說
阿成你看
這孩子的眼睛……
結膜都漏膿了，加上母親的狀況，很可能是淋病感染的。
?
等我一下——

好多人……
都過來了
篡地仔算了吧……
就算你再有心，
他們這麼多人……
咱還是趕快去拿
「金雞納霜」吧。

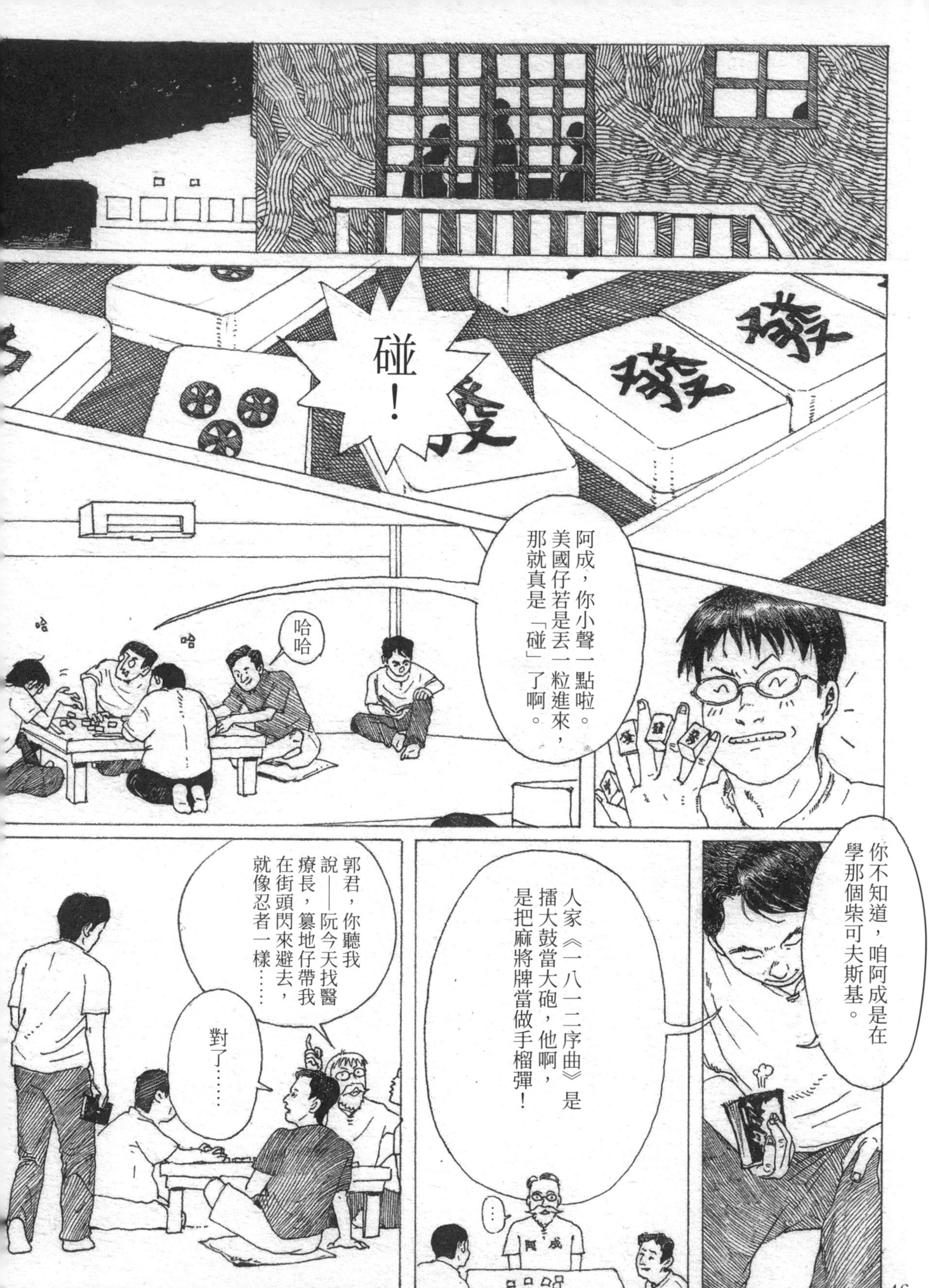
碰！
阿成，你小聲一點啦。美國仔若是丟一粒進來，那就真是「碰」了啊。
哈哈
哈
哈
你不知道，咱阿成是在學那個柴可夫斯基。
人家《一八一二序曲》是播大鼓當大砲，他啊，是把麻將牌當做手榴彈！
……
郭君，你聽我說——阮今天找醫療長，驀地仔帶我在街頭閃來避去，就像忍者一樣……
對了……

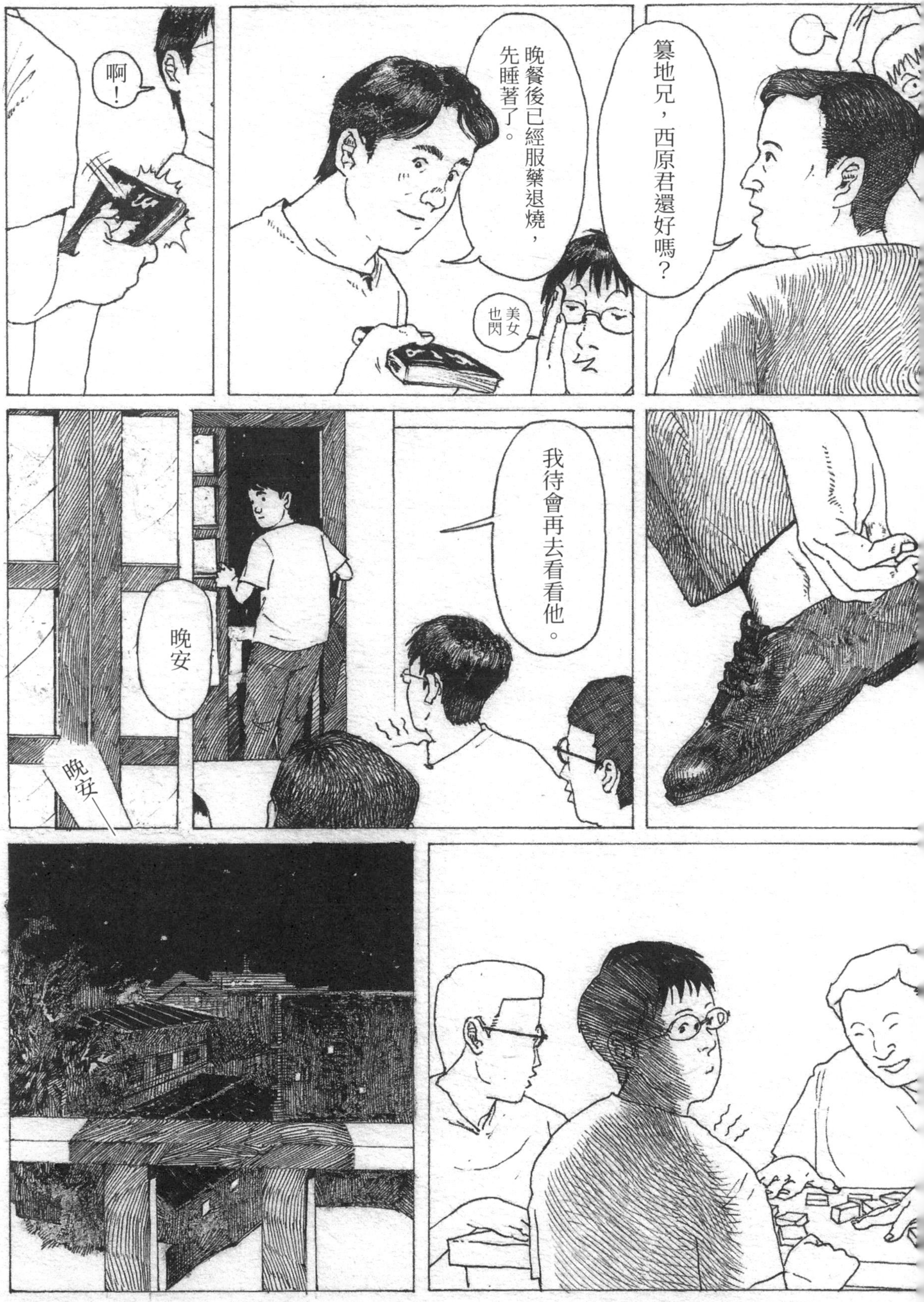
篡地兄，西原君還好嗎？
晚餐後已經服藥退燒，先睡著了。
美女也閃
啊！
我待會再去看看他。
晚安
晚安

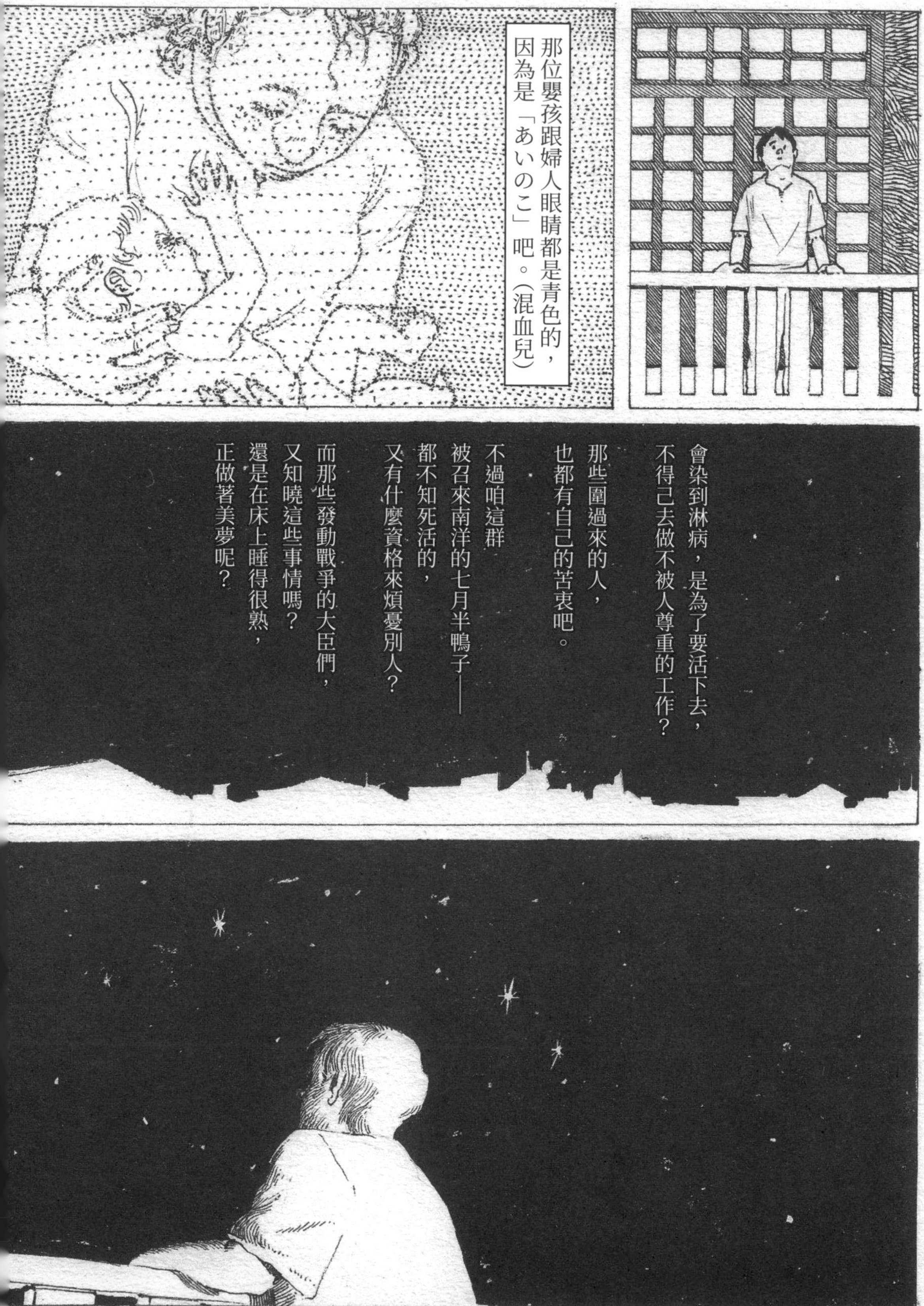

那位嬰孩跟婦人眼睛都是青色的，
因為是「あいのこ」吧。(混血兒)
會染到淋病，是為了要活下去，
不得已去做不被人尊重的工作？
那些圍過來的人，
也都有自己的苦衷吧。
不過咱這群
被召來南洋的七月半鴨子——
都不知死活的，
又有什麼資格來煩憂別人？
而那些發動戰爭的大臣們，
又知曉這些事情嗎？
還是在床上睡得很熟，
正做著美夢呢？

# Chapter4
# 圓仔湯

一九四五年八月，
美軍在廣島、長崎投下原子彈，
昭和天皇宣告戰敗，
英國部隊進入越南西貢，
準備接收事宜。
九月，胡志明宣布越南獨立，
陳篡地等台籍軍醫
暫留在西貢市區，
等待返台時機。
期間，陳篡地罹患了急性肝炎……

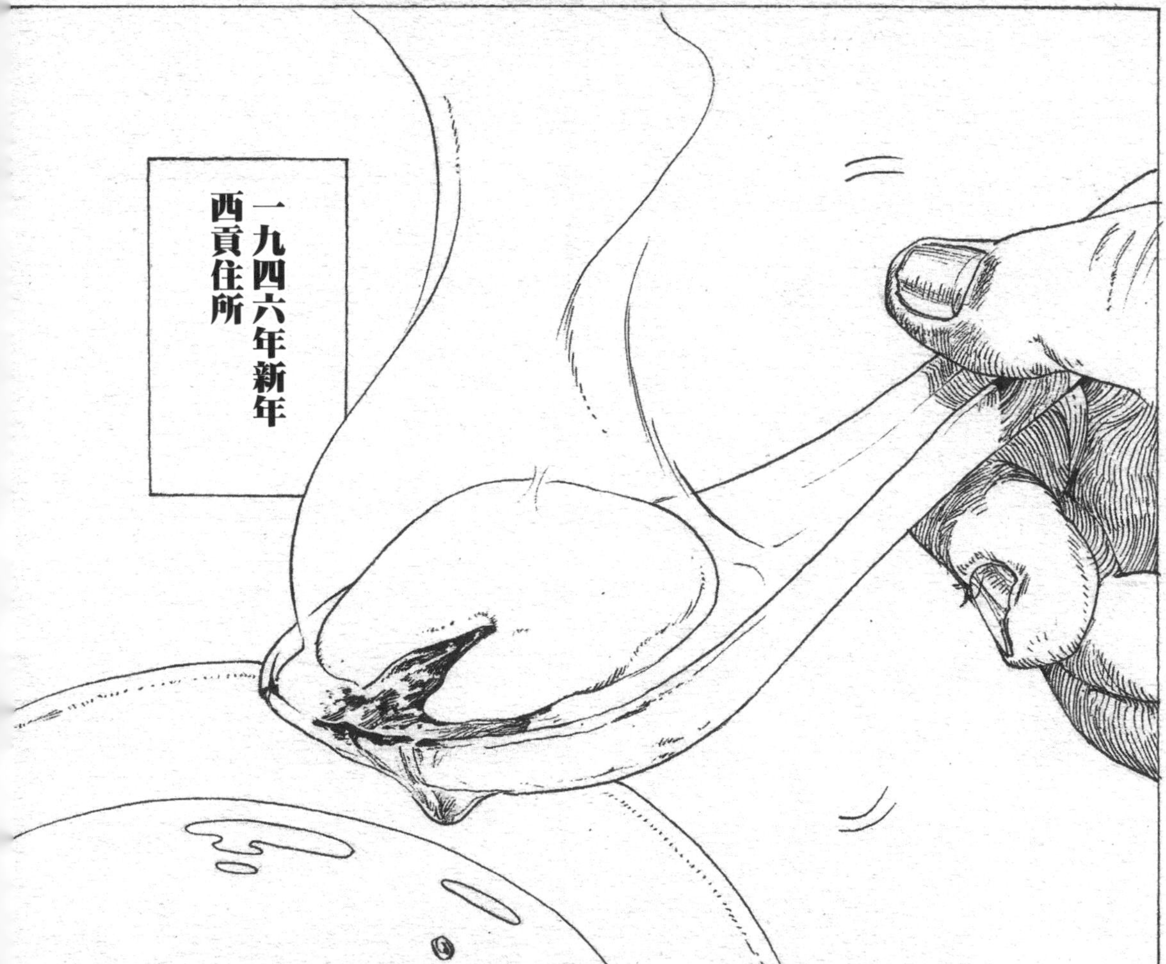
一九四六年新年
西貢住所

嗯～
真希望每日都有圓仔湯可以食。
哪有這麼好康，阿成你以為每日都在過年？
哼，誰說過年才能食圓仔？我回去就每日這樣食，還加蔘仔下去！
你嘛好啊，天皇也沒有每日食蔘仔。
楊君，人生短短啊……別說是蔘仔，這次我回去後，馬上謝神一禮拜。
哈—
哈—
到時辦桌，你們都要來啊，不只圓仔任你食，連麻油雞，也食到你食不下為止。

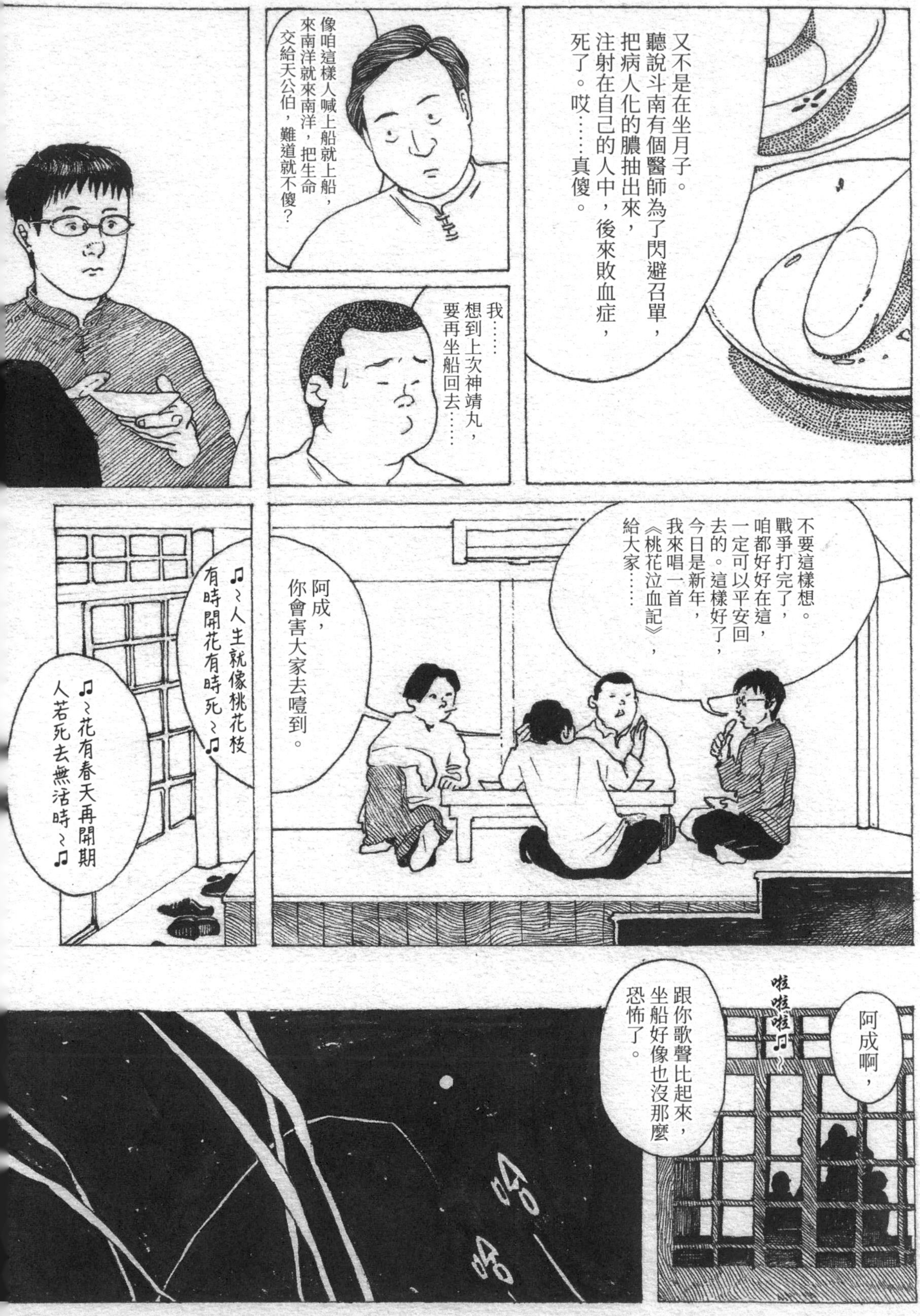
又不是在坐月子。
聽說斗南有個醫師為了閃避召單，把病人化的膿抽出來，注射在自己的人中，後來敗血症，死了。哎……真傻。
像咱這樣人喊上船就上船，來南洋就來南洋，把生命交給天公伯，難道就不傻？
我……想到上次神靖丸，要再坐船回去……
不要這樣想。戰爭打完了，咱都好好在這，一定可以平安回去的。這樣好了，今日是新年，我來唱一首《桃花泣血記》給大家……
阿成，你會害大家去噎到。
♫～人生就像桃花枝 有時開花有時死～♫
♫～花有春天再開期 人若死去無活時～♫
阿成啊，
啦啦啦♫～
跟你歌聲比起來，坐船好像也沒那麼恐怖了。

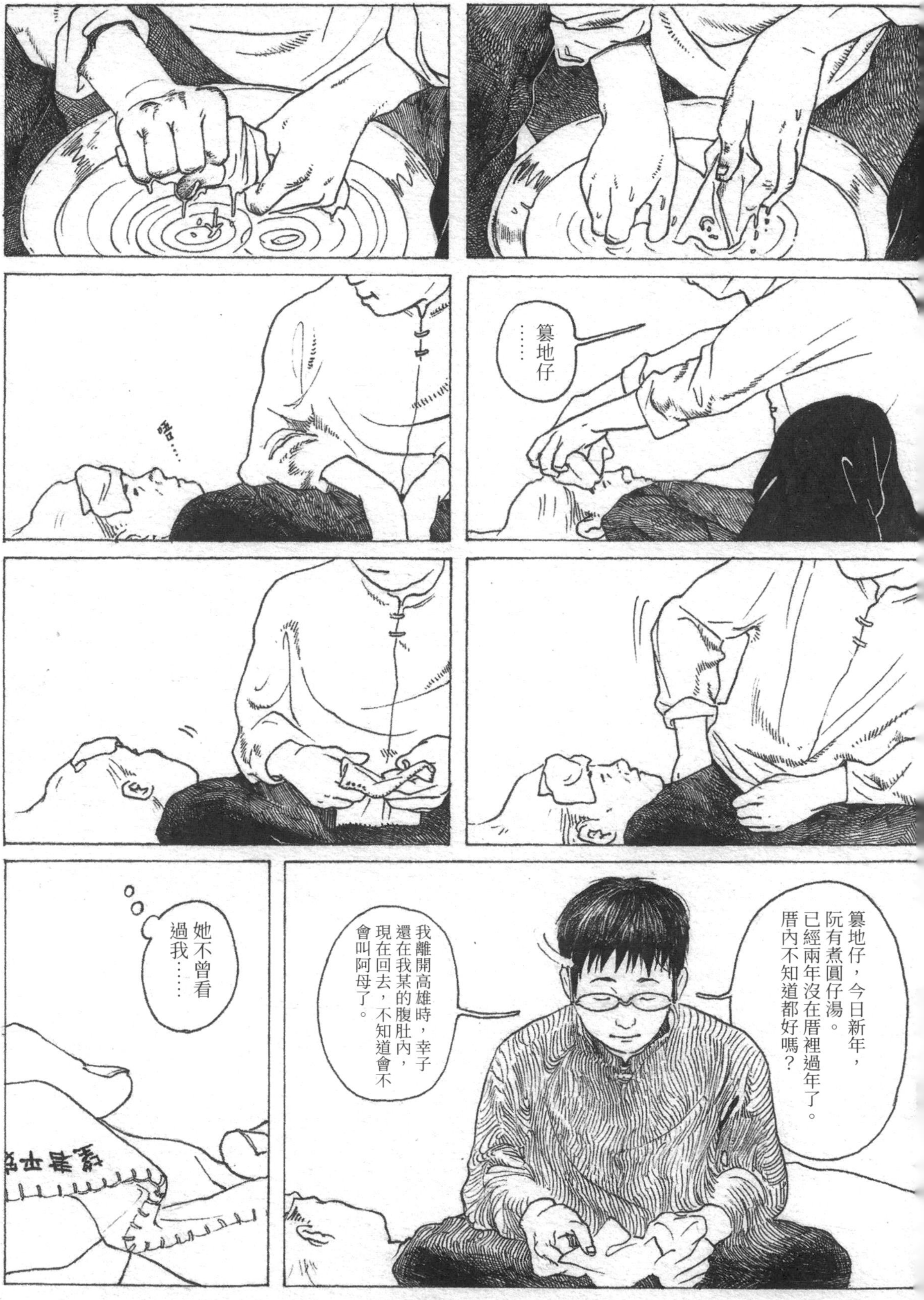
篡地仔……
唔……
篡地仔，今日新年，阮有煮圓仔湯。已經兩年沒在厝裡過年了。厝內不知道都好嗎？
我離開高雄時，幸子還在我某的腹肚內，現在回去，不知道會不會叫阿母了。
她不曾看過我……

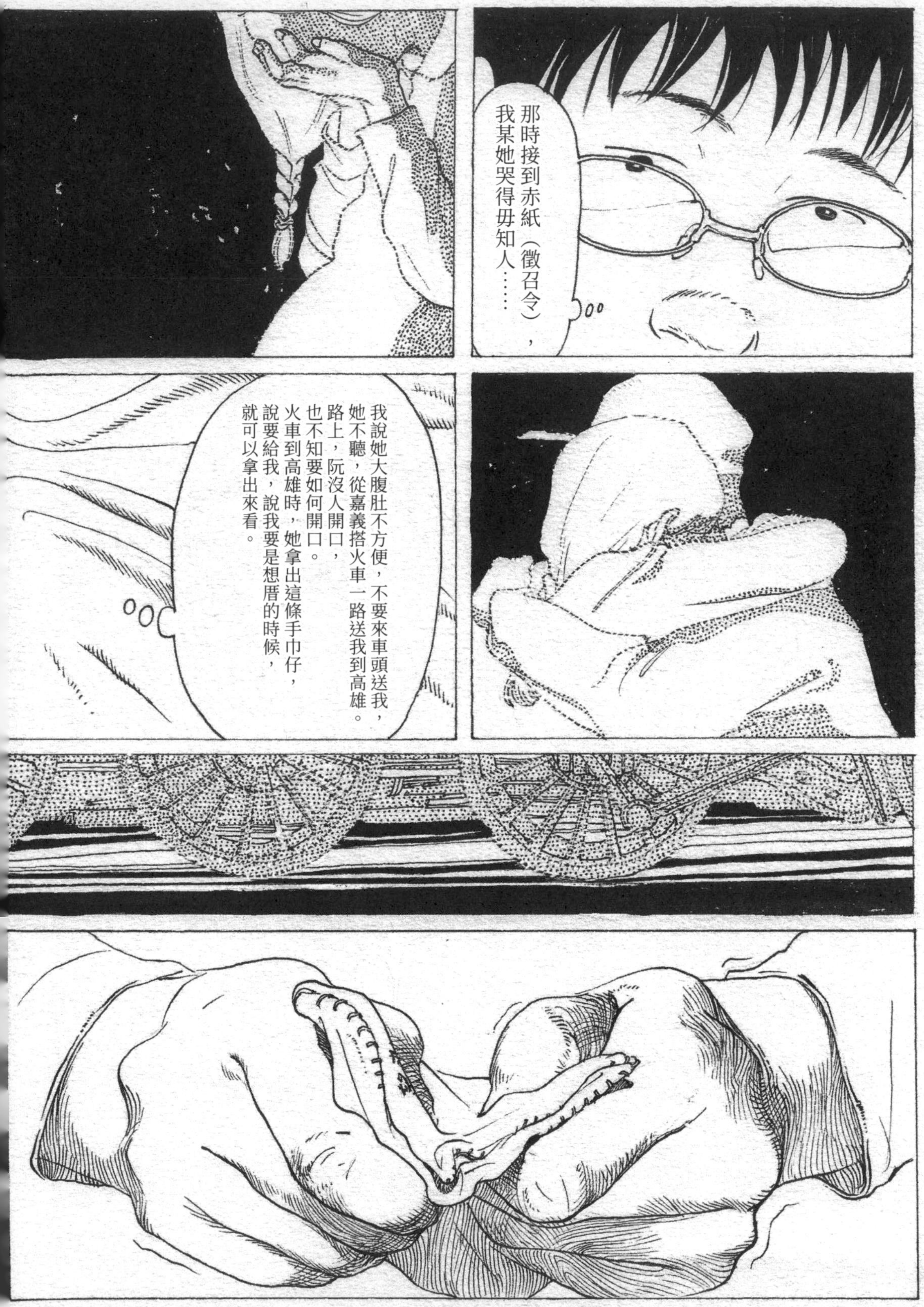
那時接到赤紙（徵召令），我某她哭得毋知人……
我說她大腹肚不方便，不要來車頭送我，她不聽，從嘉義搭火車一路送我到高雄。路上，阮沒人開口，也不知要如何開口。火車到高雄時，她拿出這條手巾仔，說要給我，說我要是想厝的時候，就可以拿出來看。

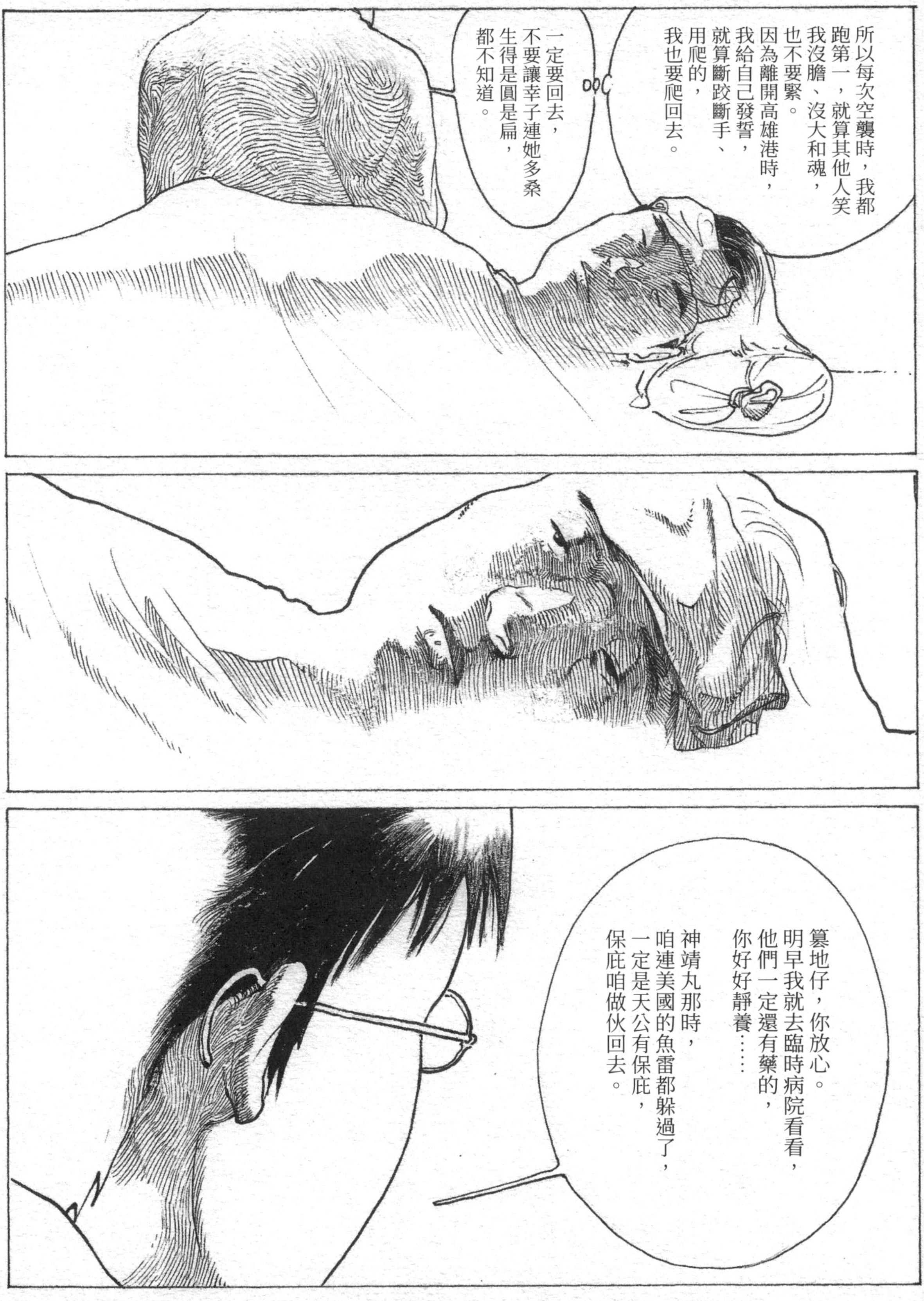

所以每次空襲時，我都跑第一，就算其他人笑我沒膽、沒大和魂，也不要緊。因為離開高雄港時，我給自己發誓，就算斷跤斷手、用爬的，我也要爬回去。
一定要回去，不要讓幸子連她多桑生得是圓是扁，都不知道。
戇地仔，你放心。明早我就去臨時病院看看，他們一定還有藥的，你好好靜養……
神靖丸那時，咱連美國的魚雷都躲過了，一定是天公有保庇，保庇咱做伙回去。

怎麼樣？有拿到嗎？
有。準備罐裝英國菸當禮物果然沒錯，葡萄糖注射藥、維他命、內服藥都拿到了，得趕緊帶回去。
篡地君病情嚴重，需要做大腿注射。房東這幾天也一直在關心他的狀況。
~~~
Doctor、Doctor、Doctor.
~~~
~~~
~~~

碰！
楊君，今日的街頭有些奇怪？
嗯，我們快走。法國人想重建對印度支那（即今越南）的控制權，從去年九月開始就陸續展開軍事行動了。這裡各方勢力混雜，難保不會出什麼差池。

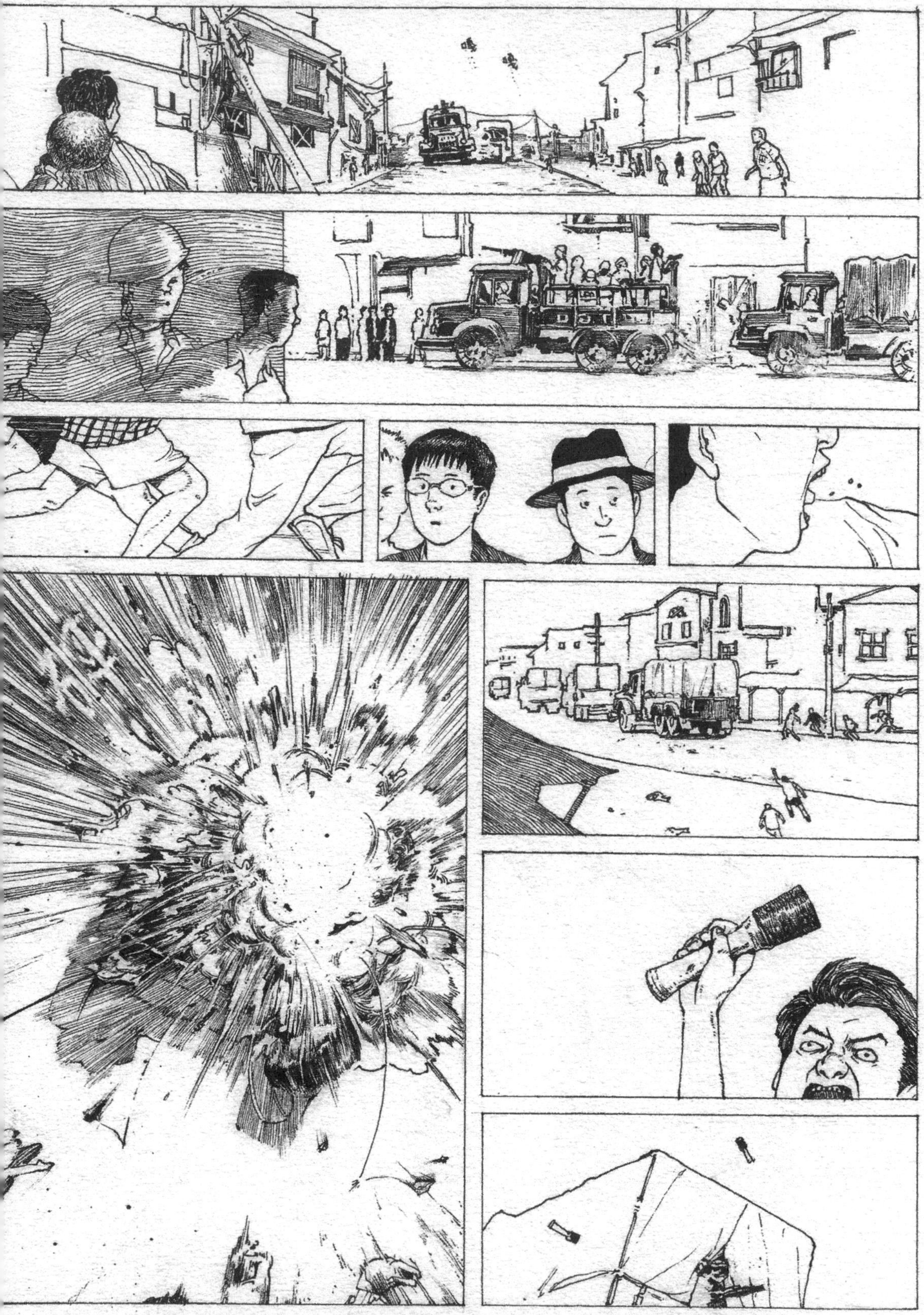

砰
砰
一九四六年 高雄外海
砰
一九四五年，日本投降，
法國企圖分化、打擊不同勢力的反
法陣營，恢復在越南的殖民統治，
綿延不斷的戰火最終升級為越戰，
持續至三十年後的一九七五年。
一九四六年五月一日，
日本佈雷軍艦在高雄靠港，
陳篡地終於回到了故鄉台灣，
但阿成……卻永遠留在了越南。

# Chapter5
# 三輪車

雲林 謝玉露（陳篡地妻子）診所

# Chapter6
# 上山的英雄

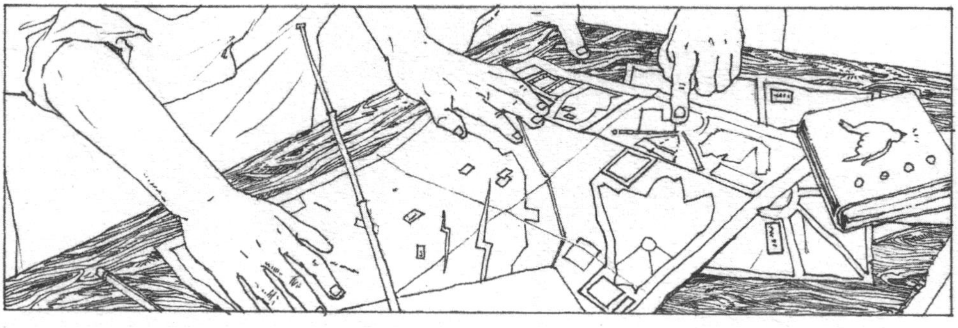

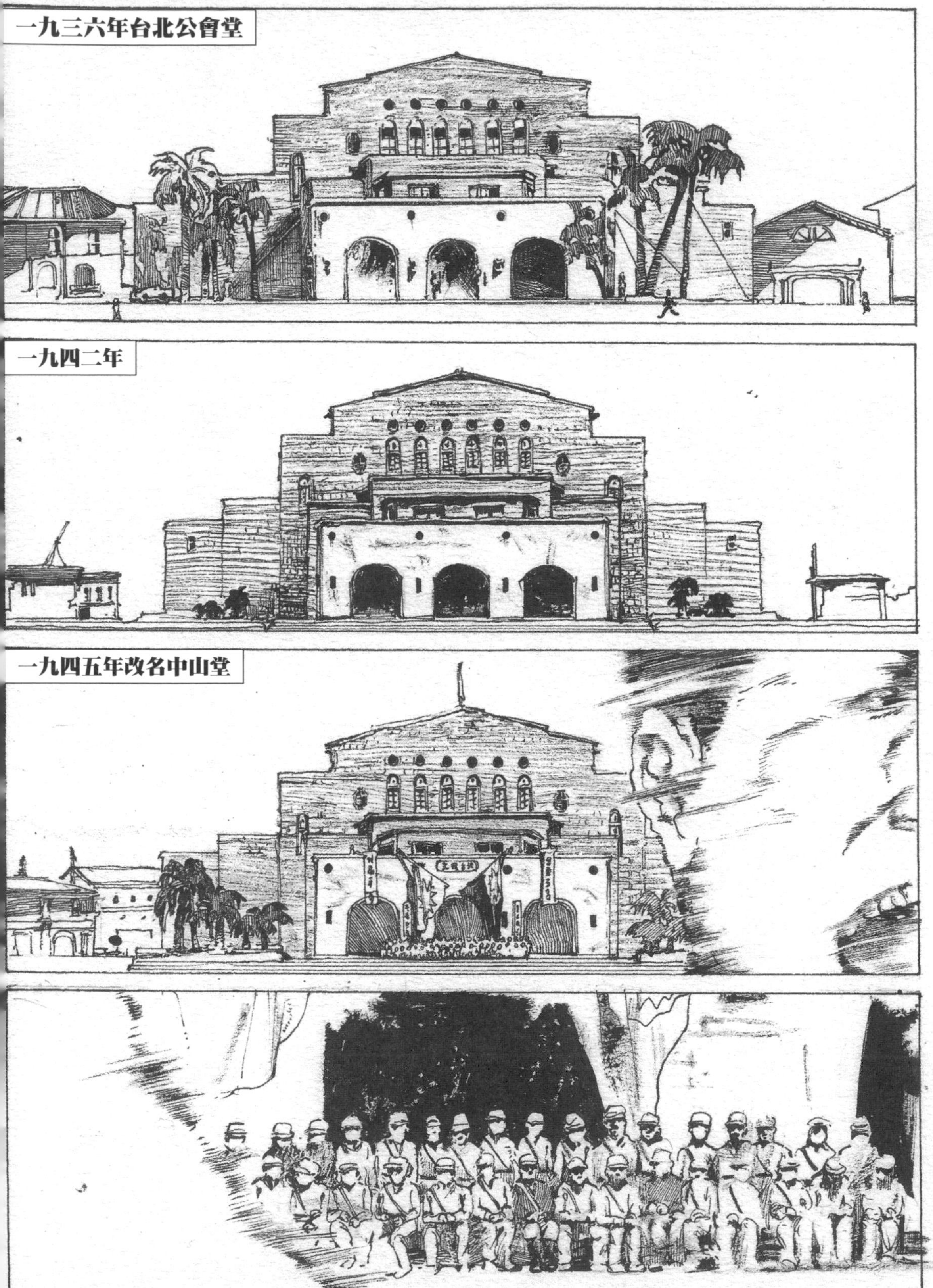
一九三六年台北公會堂
一九四二年
一九四五年改名中山堂

戰後國民政府成立行政長官公署，負責接收台灣。
但接收不到兩年，政治腐敗、經濟混亂，台灣人對政府的不滿逐漸升高，終於在一九四七年二月二十七日，因查緝私菸引發流血衝突，進而演變成擴及全島的「二二八事件」。

這些阿山仔*實在太超過！平常食人夠夠，現在竟然開槍打台灣人！
沒錯——
予伊死啦！
三月二日 晚間
大家冷靜一點咧。
今晚緊急召開鎮民大會，是要商議鱸鰻（流氓）、青年和學生破壞警察局兵器庫，奪取武器的事情。他們無法控制，這對地方的治安是很大的威脅。

*「阿山仔」：本島台籍人士對外省族群的不禮貌稱呼

現在阿山仔警察所長跟區長都逃走了，咱趁這個機會接收他們的武器，把他們的物件都拿出來燒掉！咱必須武裝起來保護自己。咱若是恬恬，他們當作咱好欺負！
對！
沒錯。
我同意咱必須保護鄉親，維持秩序。因此，我認為首先必須設法收回被鱸鰻、青年和學生拿走的槍械彈藥。
咱要組織起來，不能各行其是。
賊仔兵*燒殺擄掠、政府把米、布、鹽、糖全部都運出去？今日不打阿山仔，咱欲按怎生活落去？我這口氣敨袂開（無法宣洩情緒）。
我知道大家對國民黨的憤慨，但是不該拿外省仔來出氣。
大家悶了一肚子火，來去跟他們輸贏啦！
討回來！
對啊！

*當年台灣人對負責接收台灣的國軍第七十軍之蔑稱。

造成今天台灣種種問題的，是腐敗的政府。我提議，號召本地青年組成斗六治安維持會，不能攻擊外省仔。**咱不是要殺外省人，是要爭取台灣人的利益。**
請大家想看看，區長謝堡丁、鎮長吳景徽、市公所的外省仔咱都熟識。他們不是咱的敵人。國民黨都還沒來，咱就先內鬨，怎麼可以？
我看過國民黨人屠殺無辜的老百姓，現在不知道情勢會如何變化，但是咱必須團結起來保衛鄉里。
**三月三日，成員約兩百人之斗六自衛隊成立，除維持治安外，亦設法收回被青年、學生奪走的武器，並保護當地外省人不被憤怒民眾攻擊。**

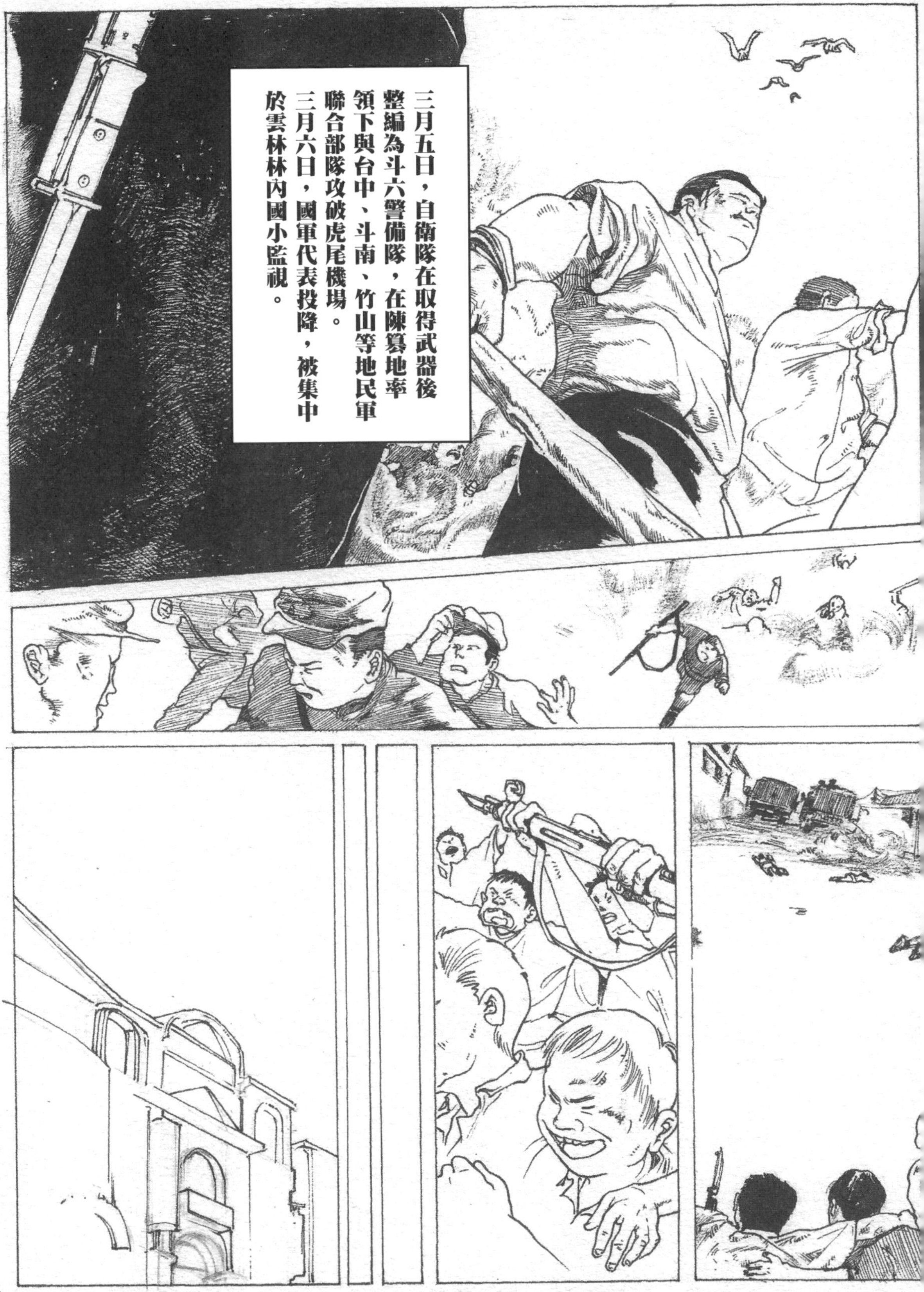
三月五日，自衛隊在取得武器後
整編為斗六警備隊，在陳篡地率
領下與台中、斗南、竹山等地民軍
聯合部隊攻破虎尾機場。
三月六日，國軍代表投降，被集中
於雲林林內國小監視。

三月十二日 深夜
蔣仔*的軍隊攻進嘉義市區了！
派去談判的參議員呢？
台中的二七部隊呢？蔣軍有大部分的增援往那裡去了。
他們評估在市區開戰會造成嚴重傷亡，已經轉往埔里了。

*當時台灣人對蔣介石的一種稱呼方式。

照目前的情勢看來，蔣軍可能會從嘉義經斗南攻斗六。咱必須做好抵禦的準備。現在鄉民人心惶惶……
……治安由我維持。
清標兄。
聽說九號到嘉義的兵仔，連劉厝庄作田的農民都殺。咱不知道對方兵力規模有多大，何時會打來，但是咱一定要保護鄉親。
我知道。
清標兄，你也要保重。

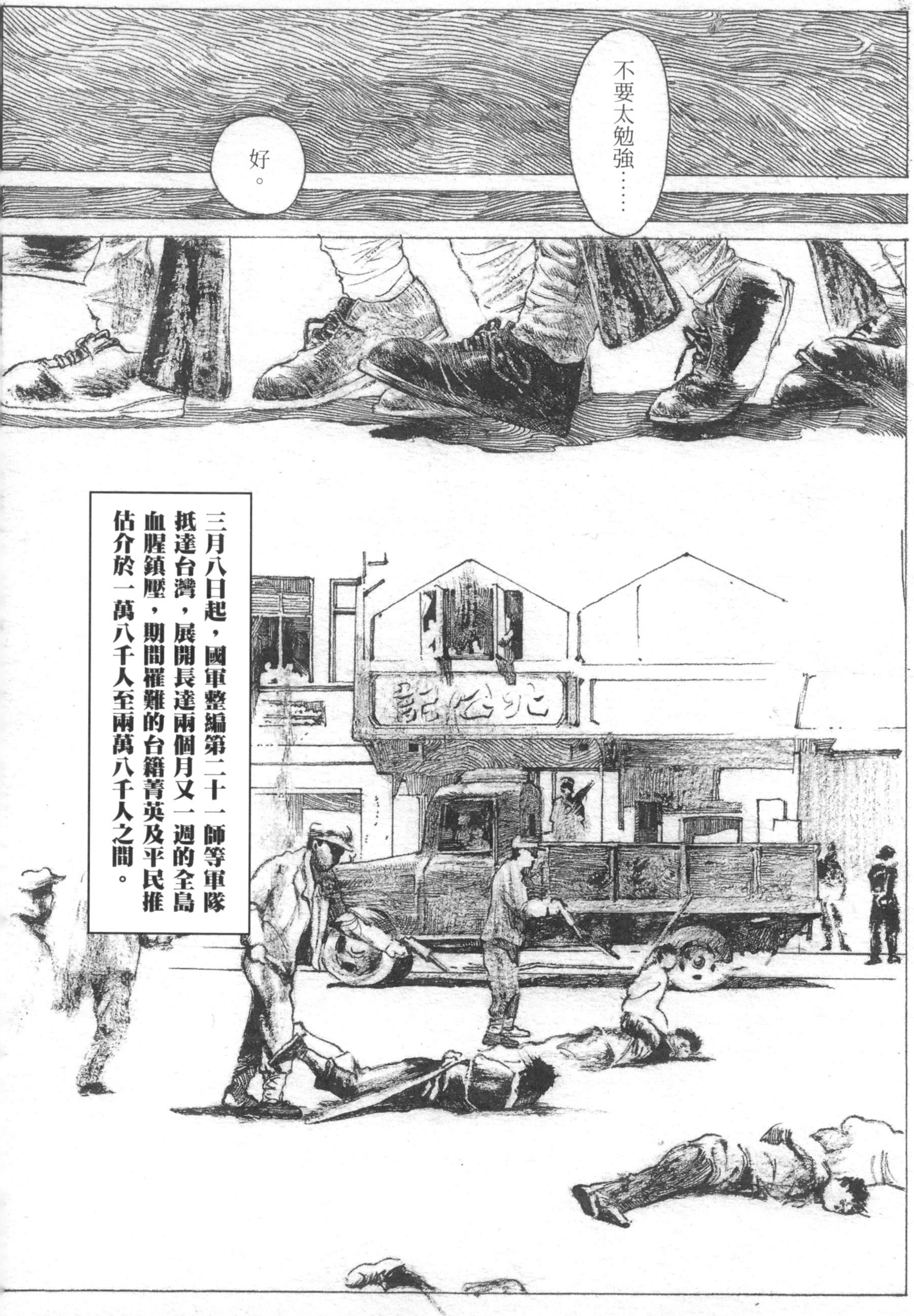

不要太勉強……
好。
三月八日起，國軍整編第二十一師等軍隊抵達台灣，展開長達兩個月又一週的全島血腥鎮壓，期間罹難的台籍菁英及平民推估介於一萬八千人至兩萬八千人之間。

砰——！
砰！
砰！
現在！

別跑，有話問你。
等我們的部隊上來，你們就全都死定了！
啊——！
後面還有多少人？
你們這群淆亂地方的暴徒……必定不得好死！
碰！

阿旺！
這箍，死鴨仔還硬喙桮！
他說什麼？
後面的軍隊有多少人？
現在怎麼辦？
死定了
跟他拚
騙肖的
咱要退！

篡地仔，
這跟咱原本的計
畫不一樣。
為什麼要退？
我知道。
蔣仔後面的援軍
馬上要攻上來，
咱人數若輸，
勢必會被圍剿。
！
咱要守在這裡！
我的查某囝還小、
父母跤手不方便，
我不能放他們不管！
咱還能退到哪裡？
咱從嘉義小梅退到
雲林古坑樟湖山區。
蔣軍的攻擊目標是民軍，
所以咱要轉移戰場，
若是在這裡打起來，
勢必會連累鄉親。

退到樟湖……
篡地仔，你要打游擊？
我在越南的時陣，曾經被越南共產黨俘虜，他們看我是醫生比較客氣，後來我幫他們看病，也學習了他們的游擊戰術。
咱從樟湖的山上往下看可以看的一清二楚，他們對地勢不熟悉，一衝下來，國民黨的兵仔包死的。
咱打蔣軍犧牲了很多兄弟，要保全實力，從長計議。
篡地仔，你真的要退……
山內補給不容易，咱要把所有武器彈藥、糧食牛車都帶走。
我知道山內生活很苦，大家心裡都有牽掛，但只有這樣才不會牽連到鄉親。

去山頂打游擊，
才是真正的對抗。

若願意的，就跟我走……
三月十四日，國軍進入斗六，
陳篡地為避免造成無辜民眾傷亡，
率隊前往雲林古坑樟湖山區，
與嘉義等地區民兵部隊會合，
準備長期抗戰。
然而，進入市區的國軍四三六
團第四連依舊濫權掠奪，屠殺無辜
的婦女、兒童及農民。

# Chapter7
# 通緝犯藏地仔

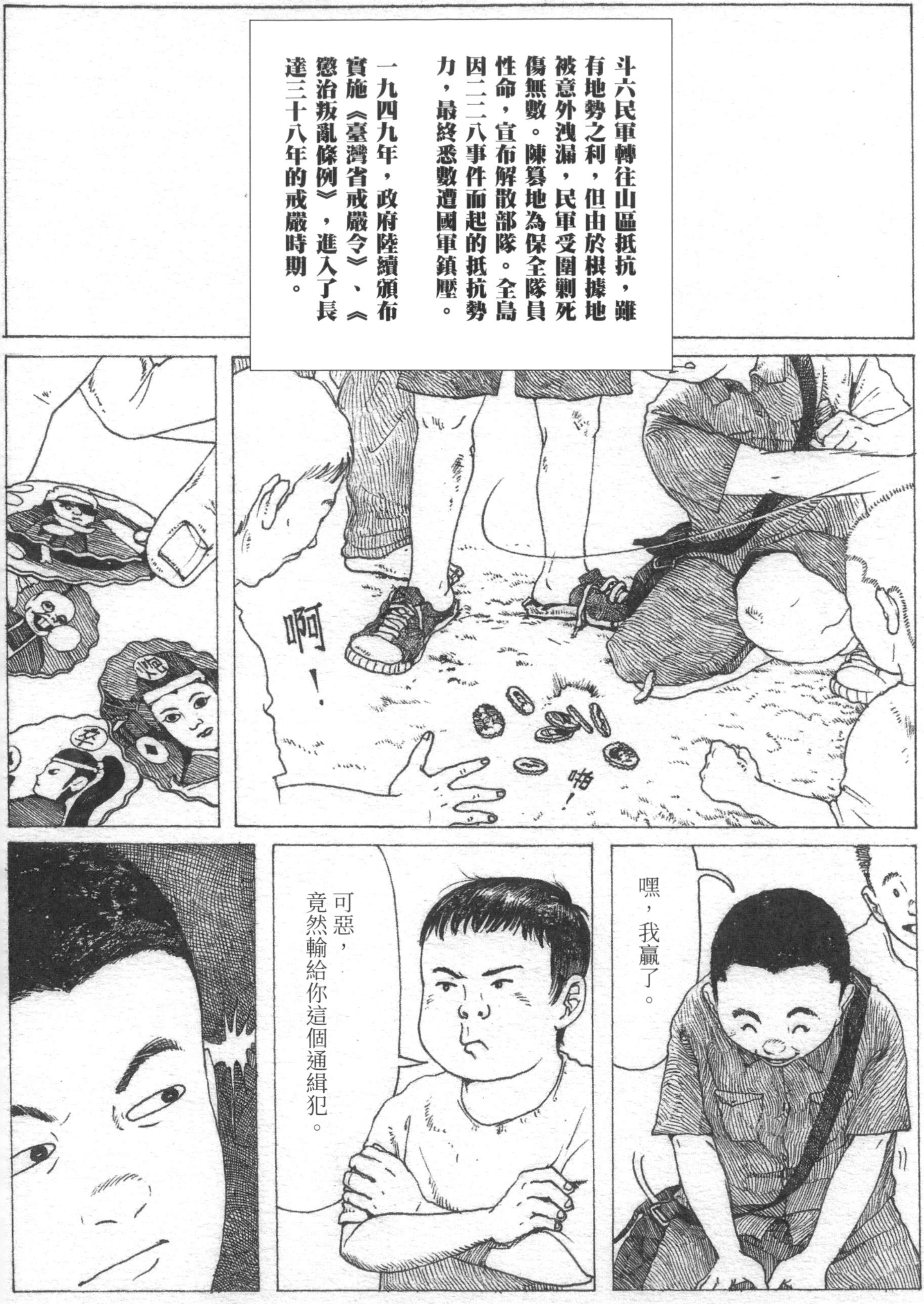
斗六民軍轉往山區抵抗，雖有地勢之利，但由於根據地被意外洩漏，民軍受圍剿死傷無數。陳篡地為保全隊員性命，宣布解散部隊。全島因二二八事件而起的抵抗勢力，最終悉數遭國軍鎮壓。
一九四九年，政府陸續頒布實施《臺灣省戒嚴令》、《懲治叛亂條例》，進入了長達三十八年的戒嚴時期。
啊！
啪！
嘿，我贏了。
可惡，竟然輸給你這個通緝犯。

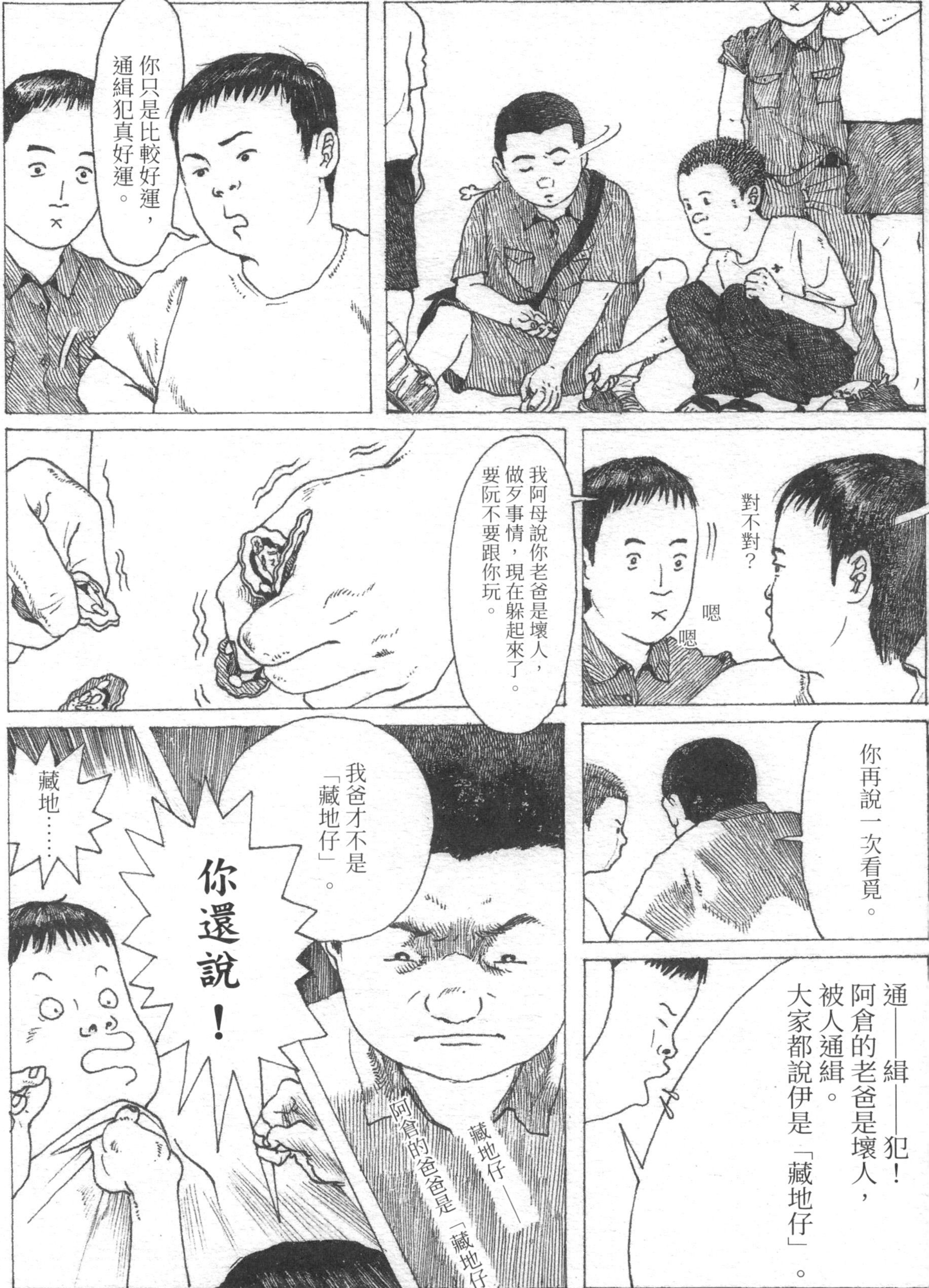
你只是比較好運，
通緝犯真好運。
對不對？
嗯
嗯
我阿母說你老爸是壞人，
做歹事情，現在躲起來了。
要阮不要跟你玩。
你再說一次看覓。
通——緝——犯！
阿倉的老爸是壞人，
被人通緝。
大家都說伊是「藏地仔」。
藏地仔——
阿倉的爸爸是「藏地仔」
我爸才不是「藏地仔」。
你還說！
藏地……

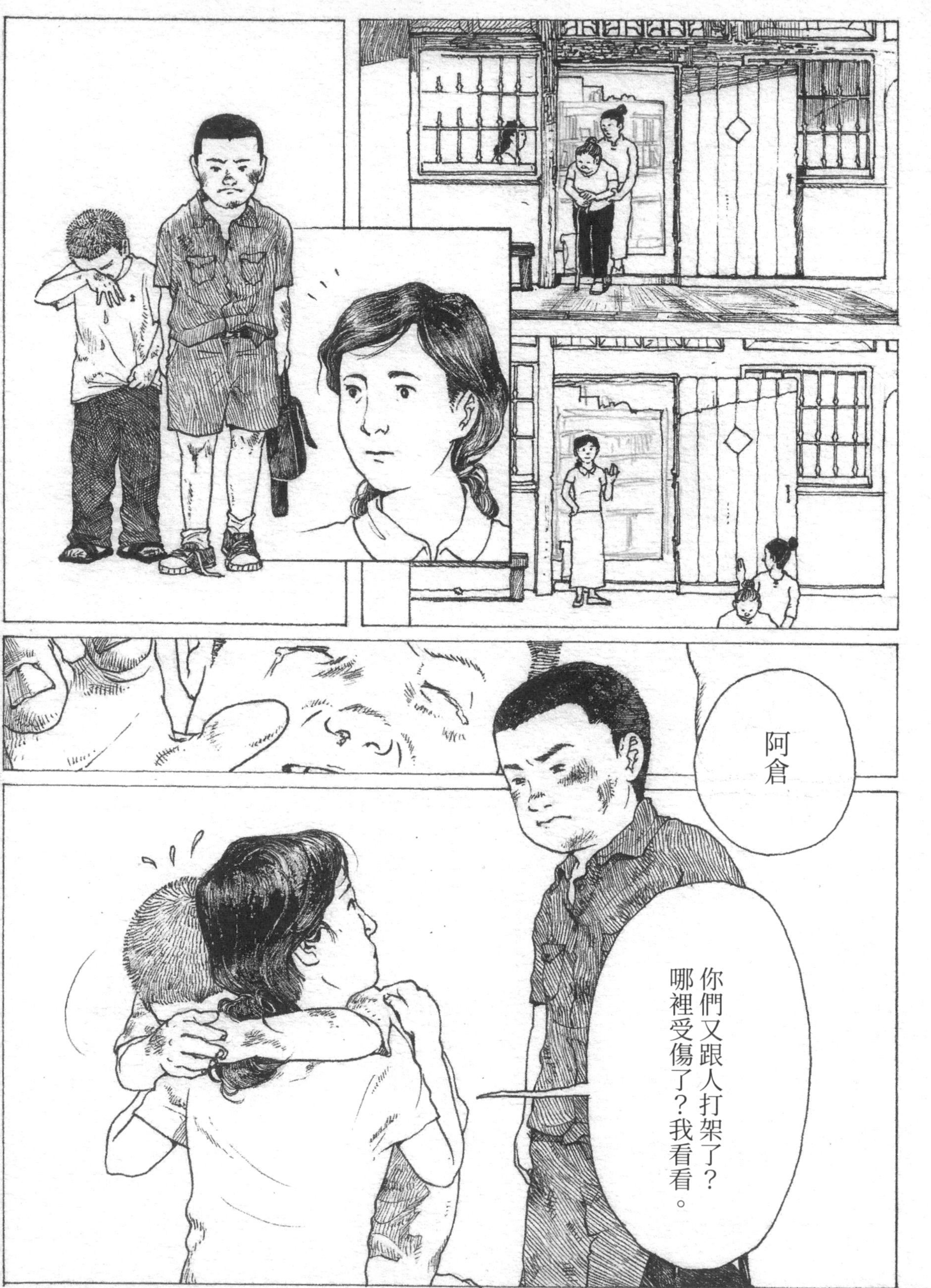
阿倉
你們又跟人打架了？哪裡受傷了？我看看。

他們……他們……都說爸爸是壞人。
他們說爸爸是通緝犯，
做壞事躲起來……
講他是「藏地仔」。
你們覺得爸爸是壞人嗎？
今日你若看到有人在欺負別人，是不是會很生氣？想要跳出來主持公道、幫他忙？
嗯！
嗯。

你阿爸也一樣啊，他就是跳出來主持公道，政府不希望大家都學他，所以講他是壞人、通緝犯，要抓他去關。
阿爸感覺「我也沒有做壞事情，為什麼要被人抓去關？」所以才躲起來。
隨便他們去講，只要你們知道阿爸不是壞人，他就不是壞人。
好了。
這麼怕人講——我講，阿守你才是一隻愛哭鬼啦。

阿倉，你帶阿守緊去食飯。
愛哭鬼
將部隊解散後的陳篡地，藏匿於老家彰化二水一帶的山區。

# Chapter8
# 碧草

陳碧草—國中二年級

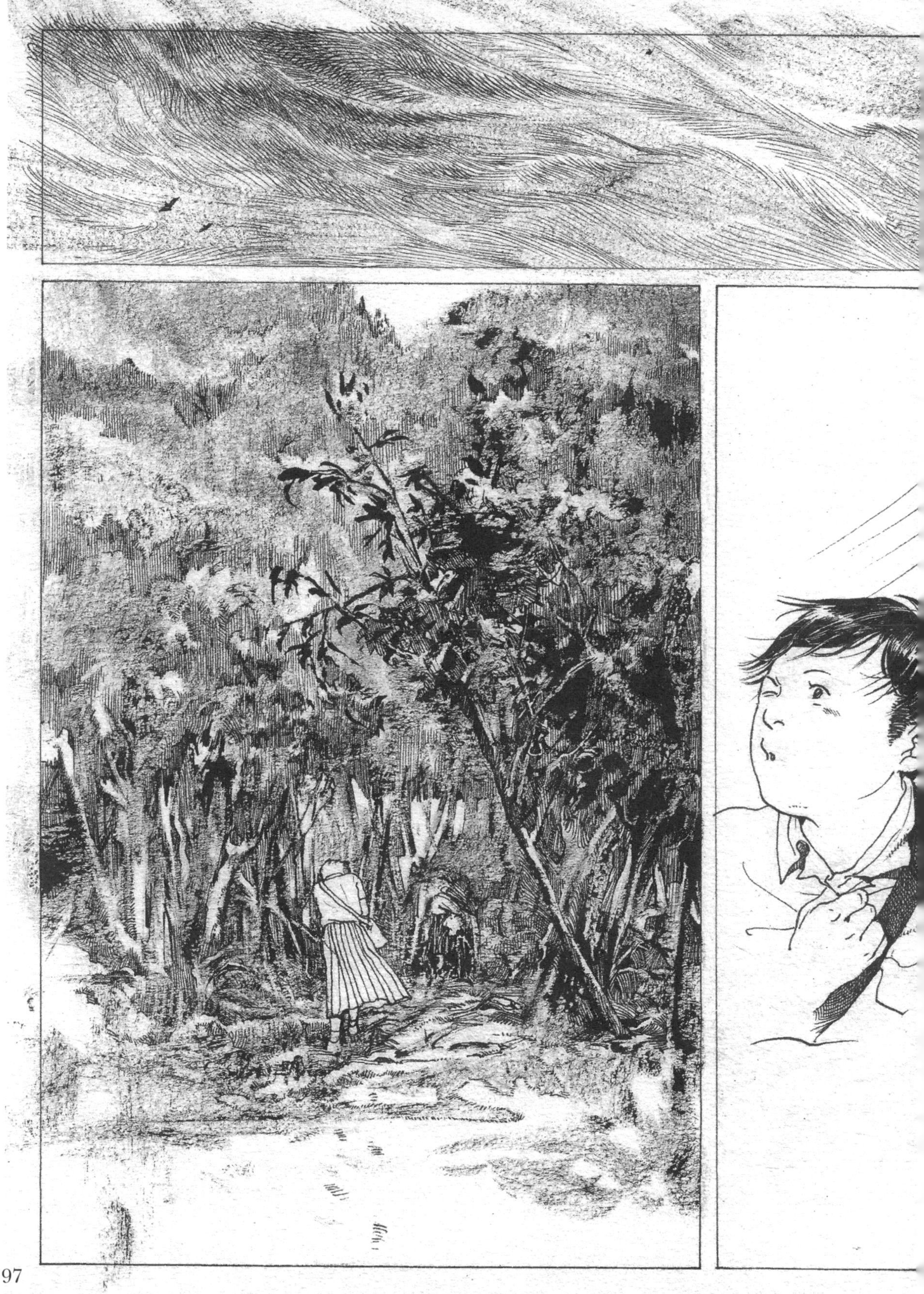

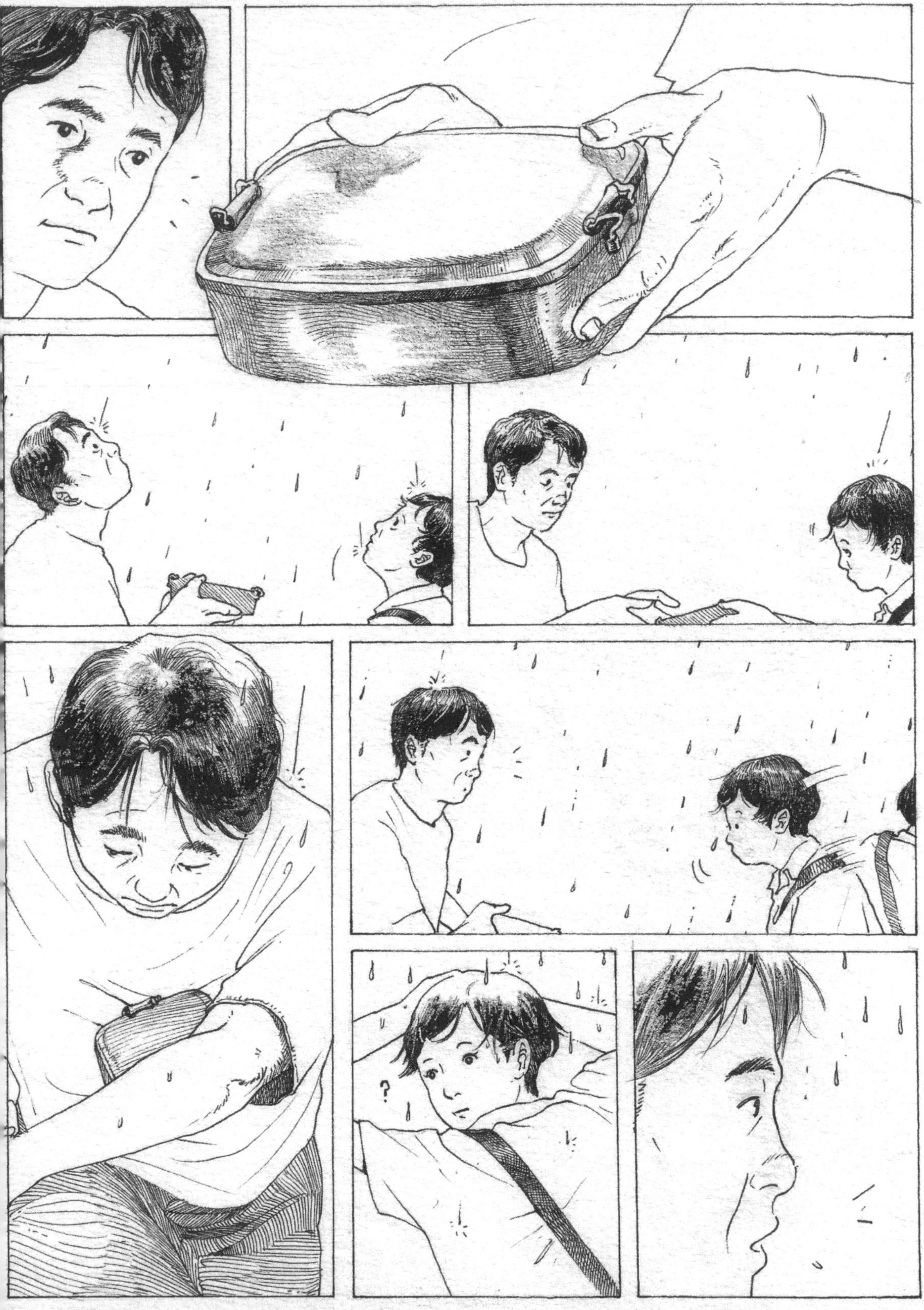

# Chapter9
# 出生、活著、死亡

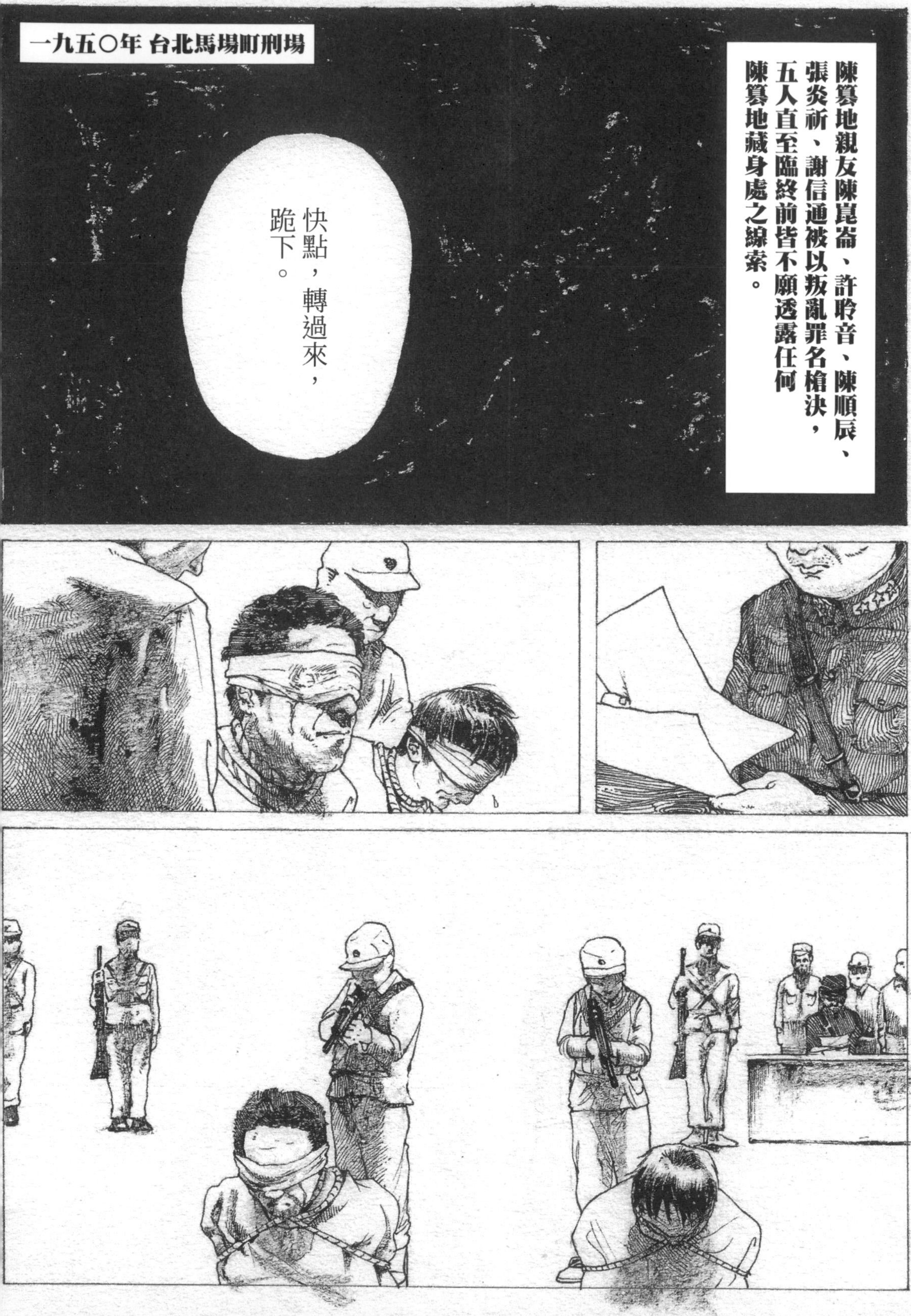
一九五〇年 台北馬場町刑場
陳篡地親友陳崑崙、許聆音、陳順辰、張炎祈、謝信通被以叛亂罪名槍決，五人直至臨終前皆不願透露任何陳篡地藏身處之線索。
快點，轉過來，跪下。

一九五二年 彰化 二水
局長，陳篡地在洞內還有卡賓槍、手槍、多發子彈，老張說他不敢貿然進去。請局長指示。
我知道了。
陳篡地，我是員林分局的劉局長。我旁邊是局裡的警員。
你先把槍丟出來，我也會把槍丟下。讓我進去跟你商量「和談」的事情，好嗎？

……
陳篡地，我們進去了喔。

……篡地仔，好久不見。

阿成，是你……

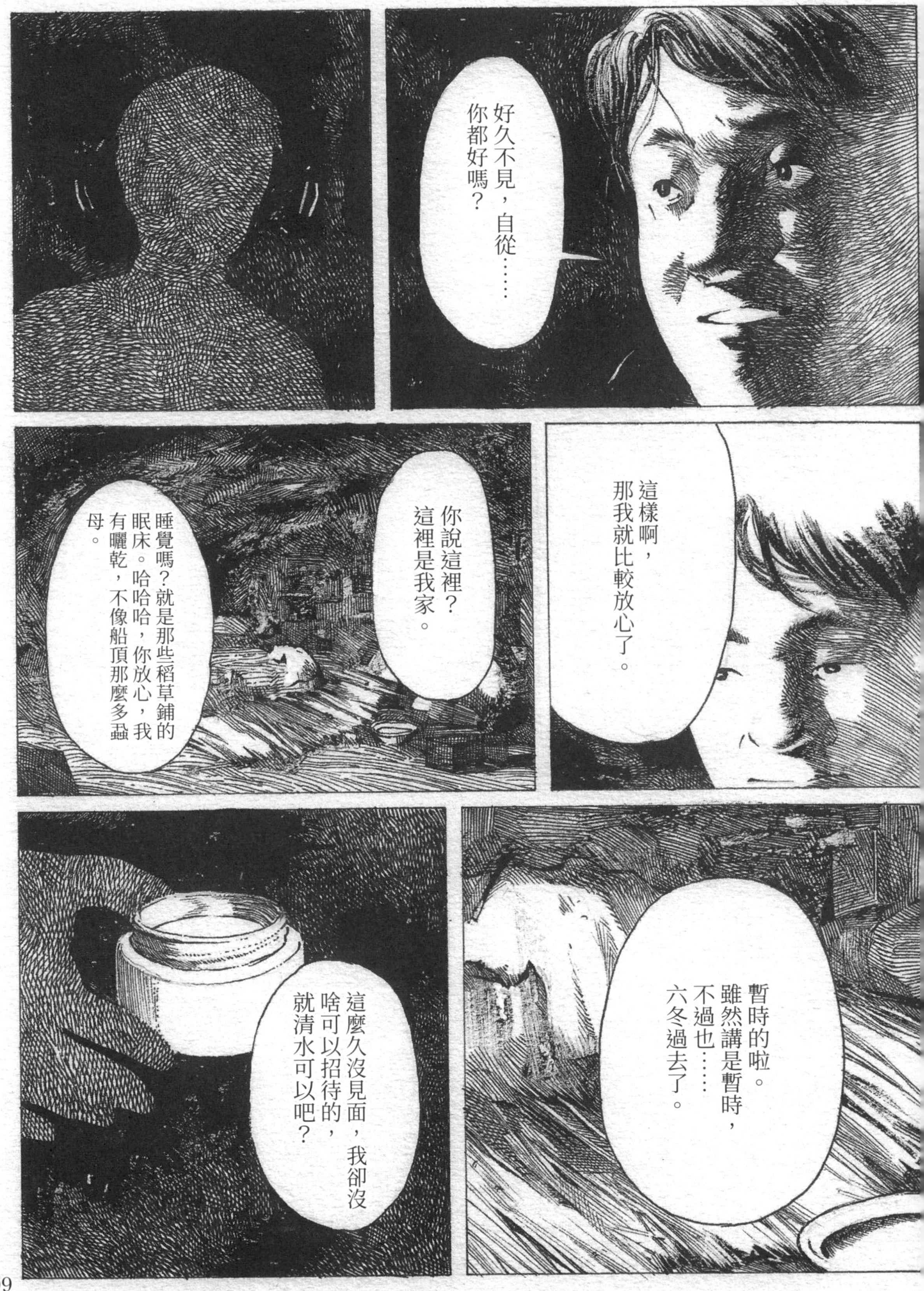
好久不見，自從……你都好嗎？
這樣啊，那我就比較放心了。
你說這裡？這裡是我家。
睡覺嗎？就是那些稻草鋪的眠床。哈哈哈，你放心，我有曬乾，不像船頂那麼多蝨母。
暫時的啦。雖然講是暫時，不過也……六冬過去了。
這麼久沒見面，我卻沒啥可以招待的，就清水可以吧？

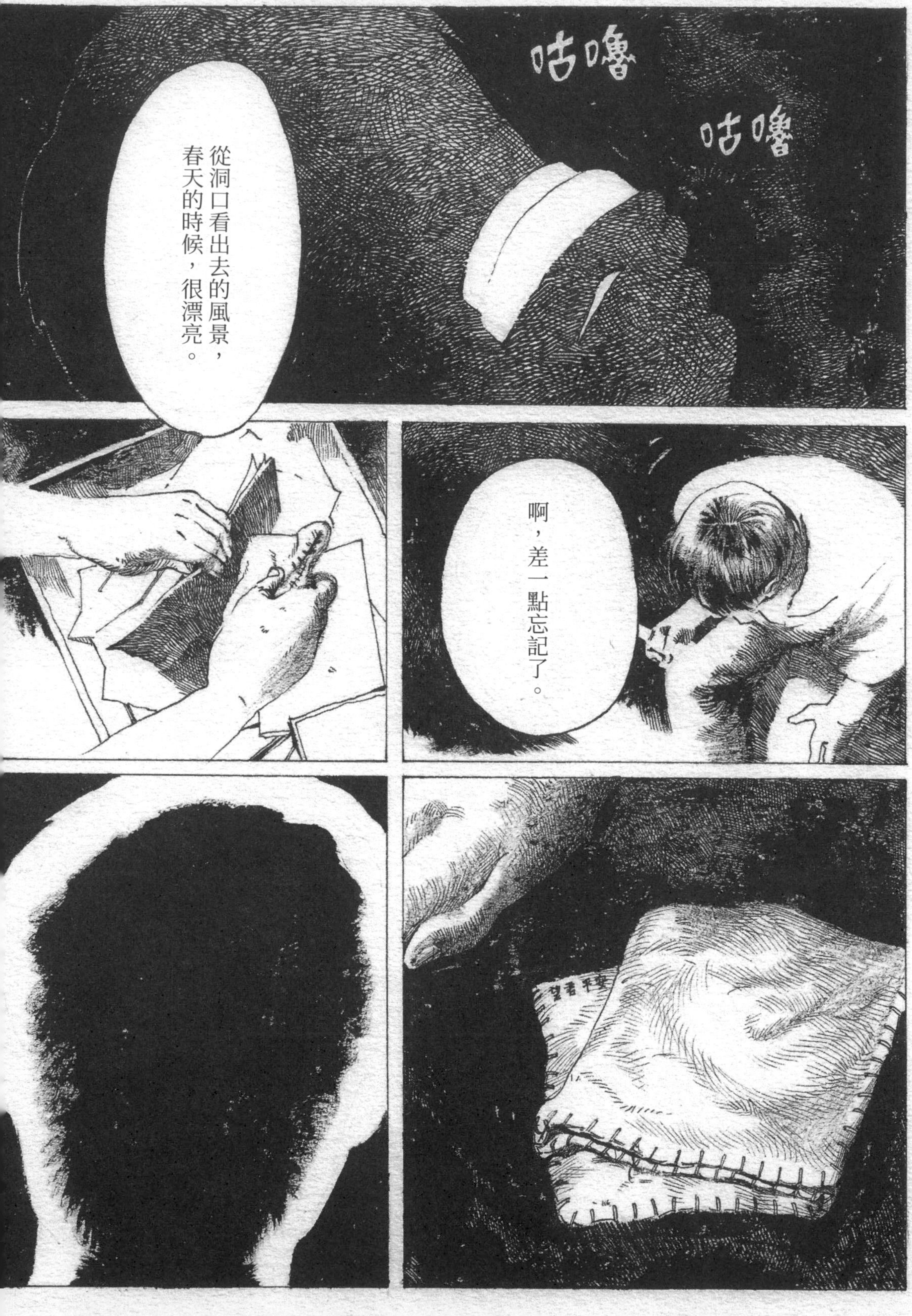
咕嚕
咕嚕
從洞口看出去的風景，春天的時候，很漂亮。
啊，差一點忘記了。

望君平安……
咱說好做伙回來台灣，結果……只有我先回來了。在海上，我還有看到冰川丸，想起你說要去美國看「自由女神」……
多謝你！這六冬來的暗暝，我常常看著這條手巾仔，想起咱在西貢的生活——現在，我可以還你了。

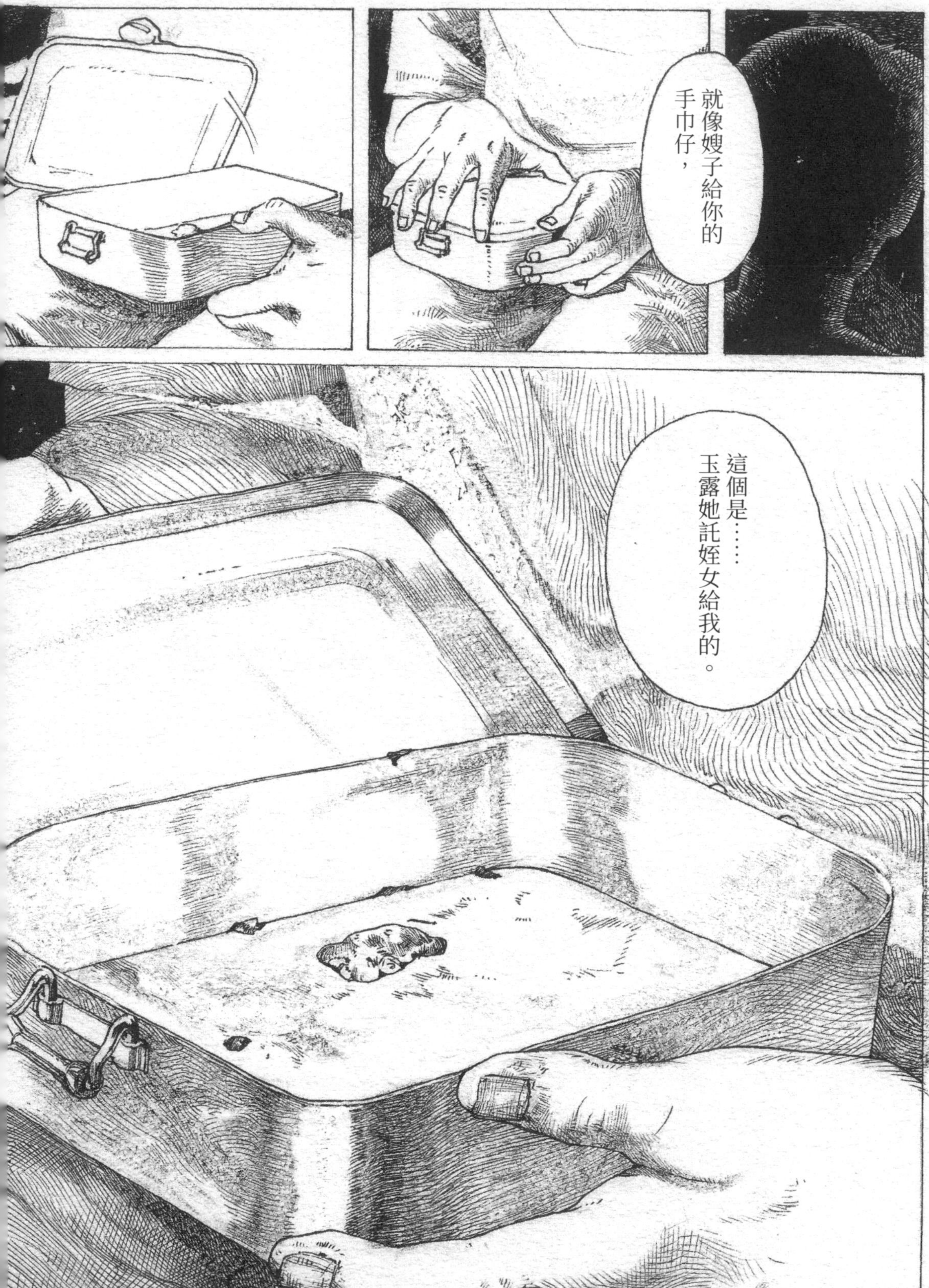
就像嫂子給你的
手巾仔，
這個是……
玉露她託姪女給我的。

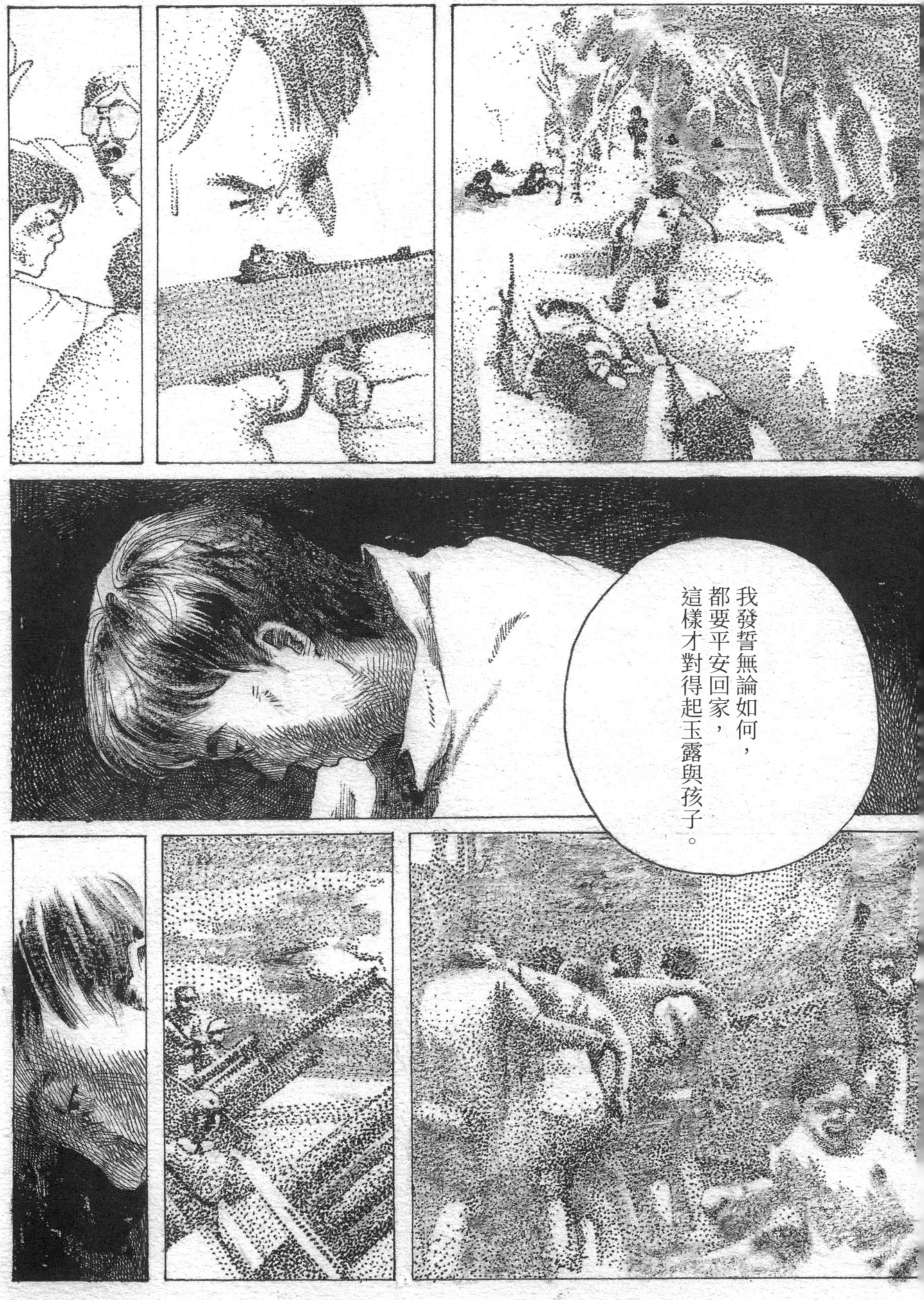
我發誓無論如何，
都要平安回家，
這樣才對得起玉露與孩子。

不要再有人……犧牲了。
篡地仔，如果你想回去……

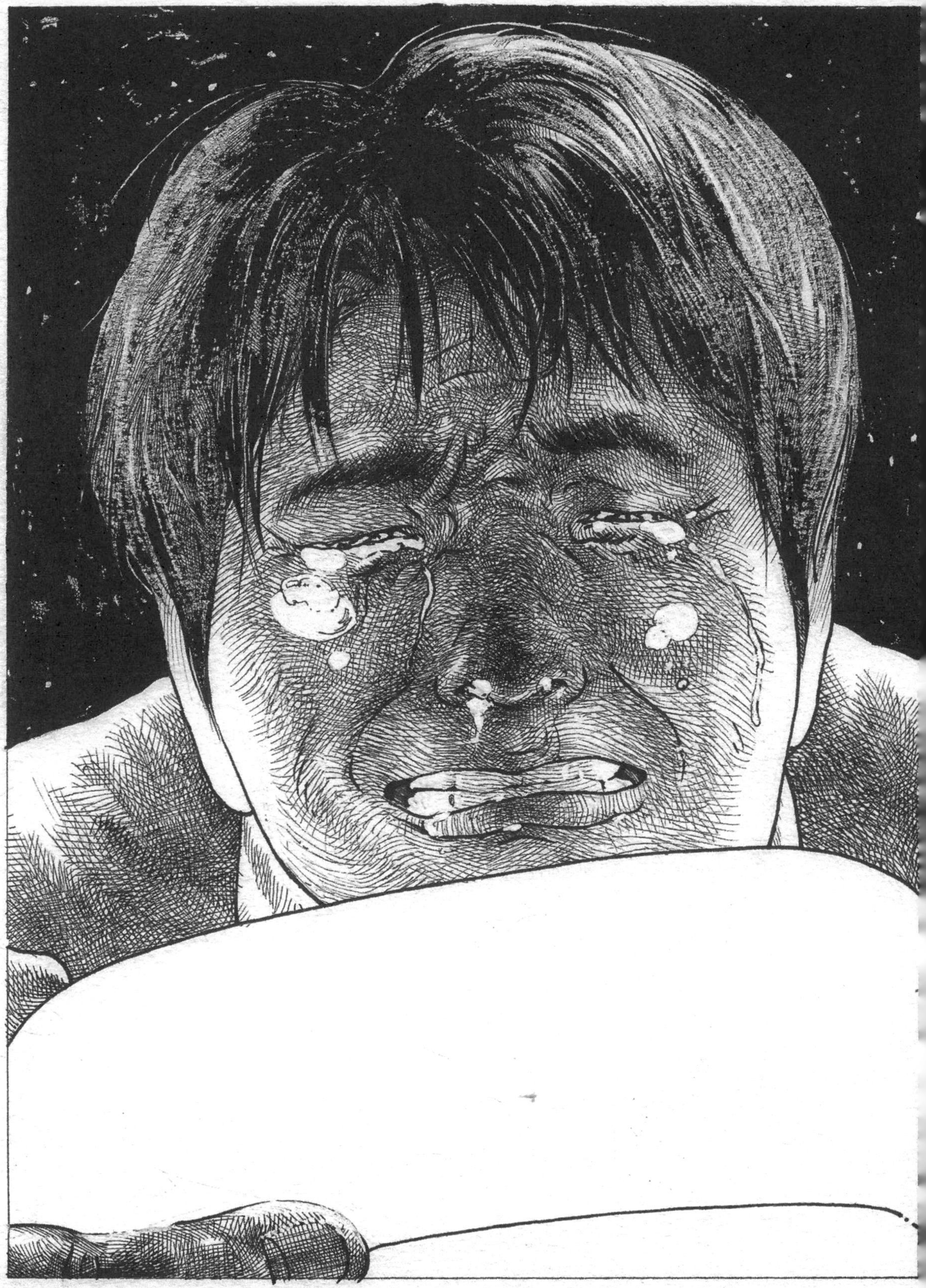

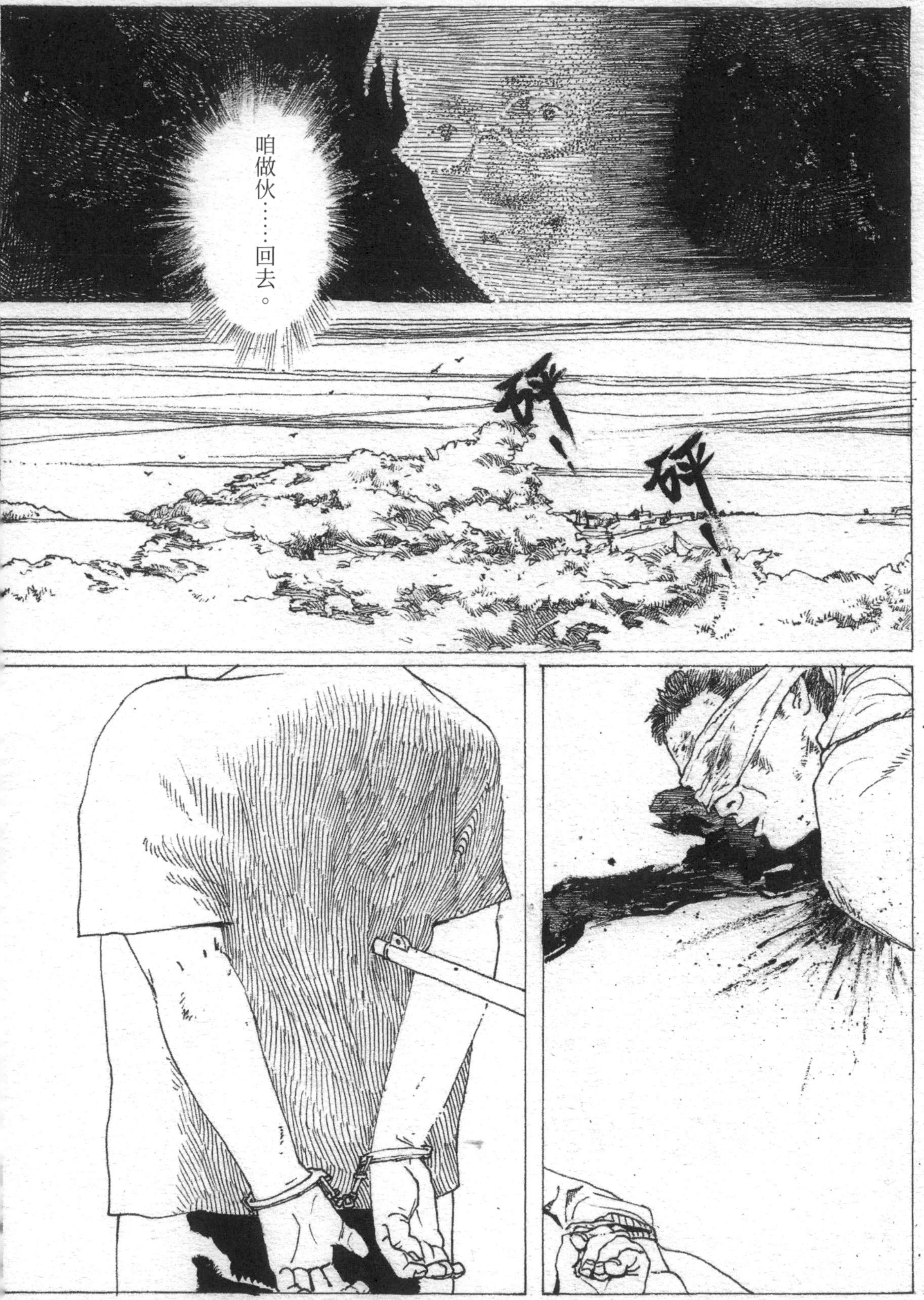
咱做伙……回去。
砰
砰

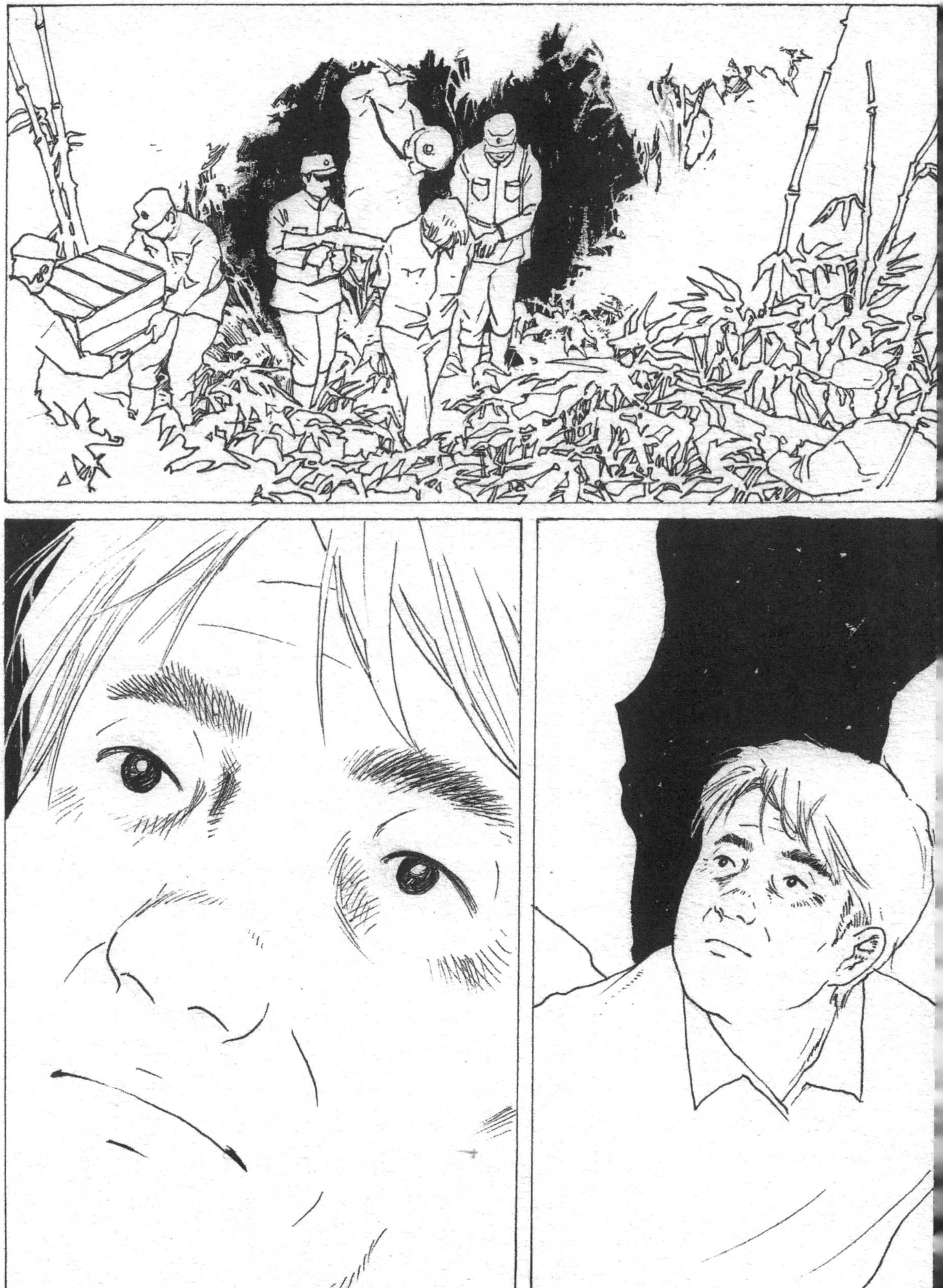

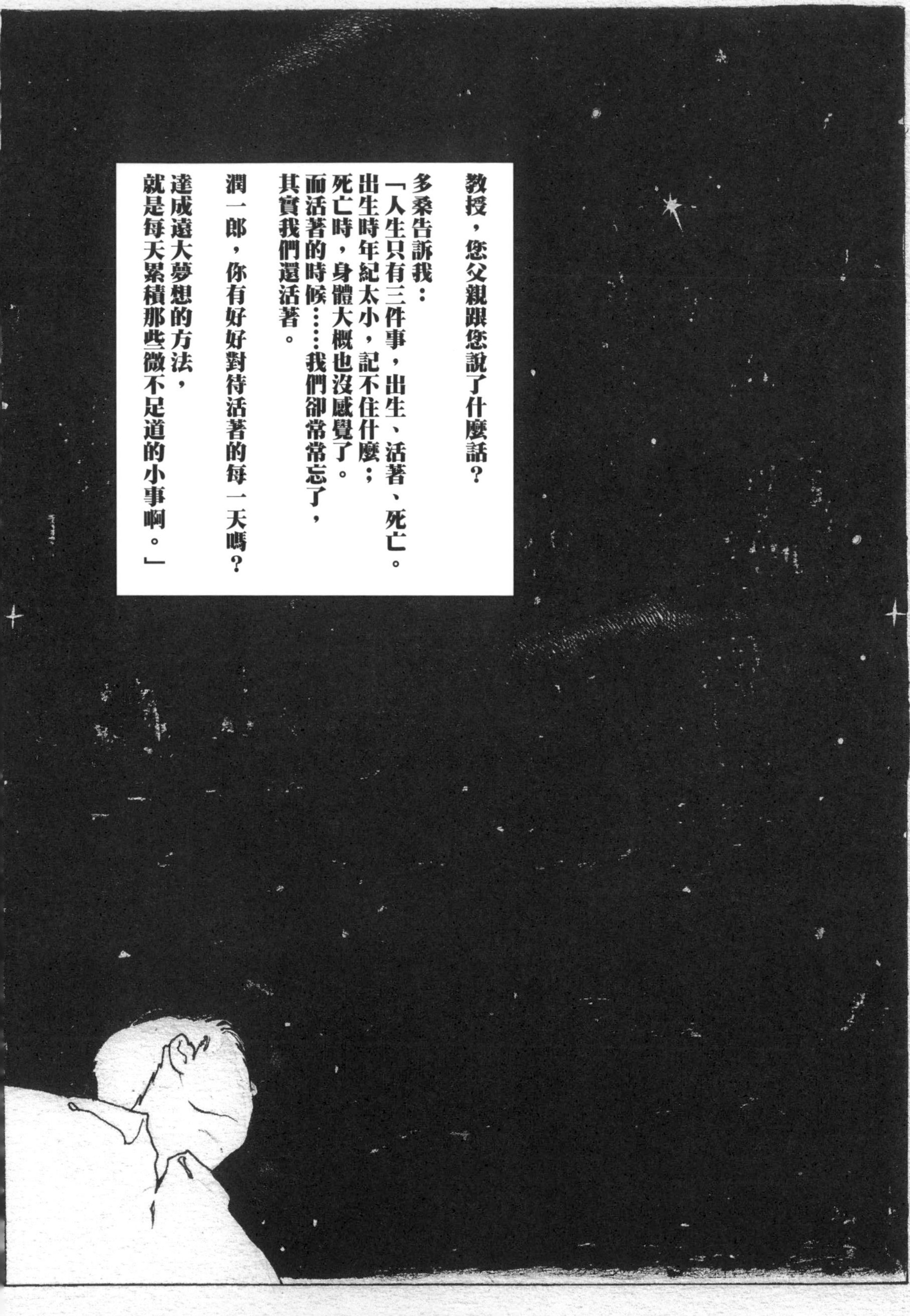
教授，您父親跟您說了什麼話？
多桑告訴我：
「人生只有三件事，出生、活著、死亡。
出生時年紀太小，記不住什麼；
死亡時，身體大概也沒感覺了。
而活著的時候……我們卻常常忘了，
其實我們還活著。
潤一郎，你有好好對待活著的每一天嗎？
達成遠大夢想的方法，
就是每天累積那些微不足道的小事啊。」

# Chapter 10
# 菜脯卵

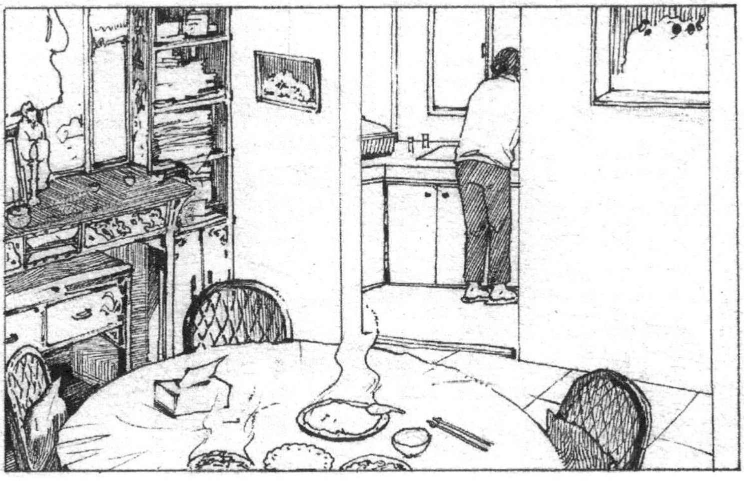

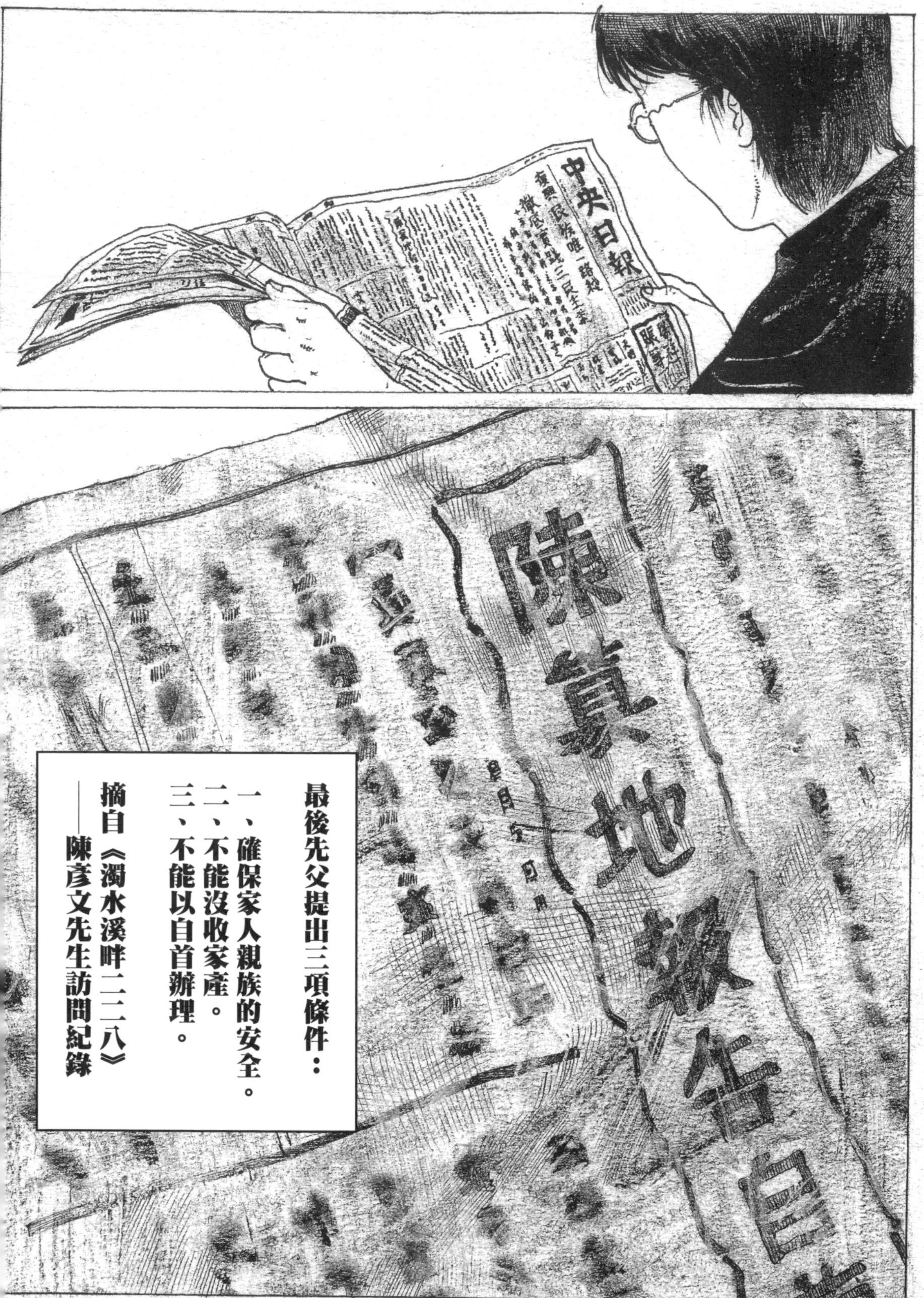
中央日報
陳篡地報告自
最後先父提出三項條件：
一、確保家人親族的安全。
二、不能沒收家產。
三、不能以自首辦理。
摘自《濁水溪畔二二八》
——陳彥文先生訪問紀錄

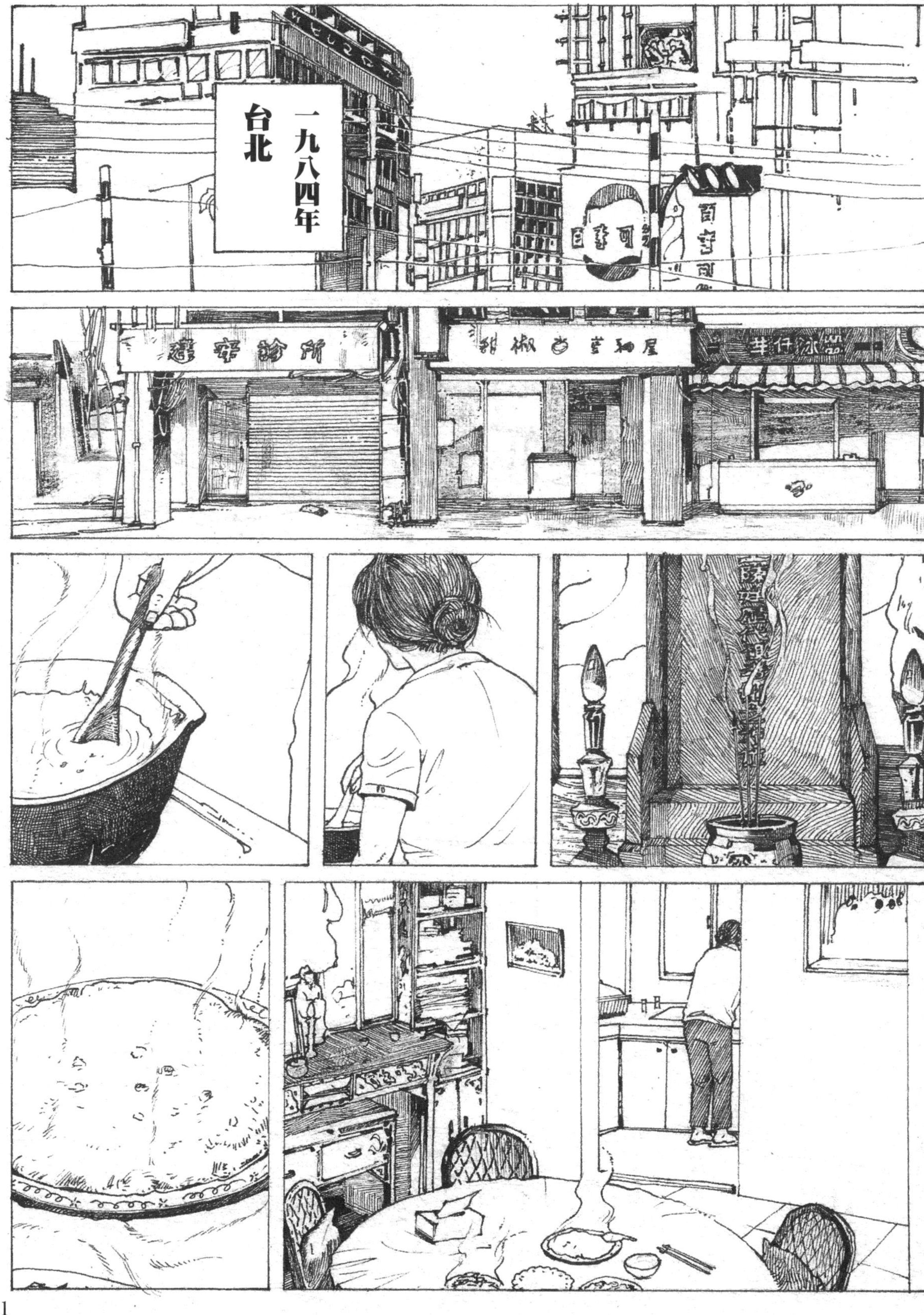
一九八四年
台北

王組長，勢早啊。
早安，早安。

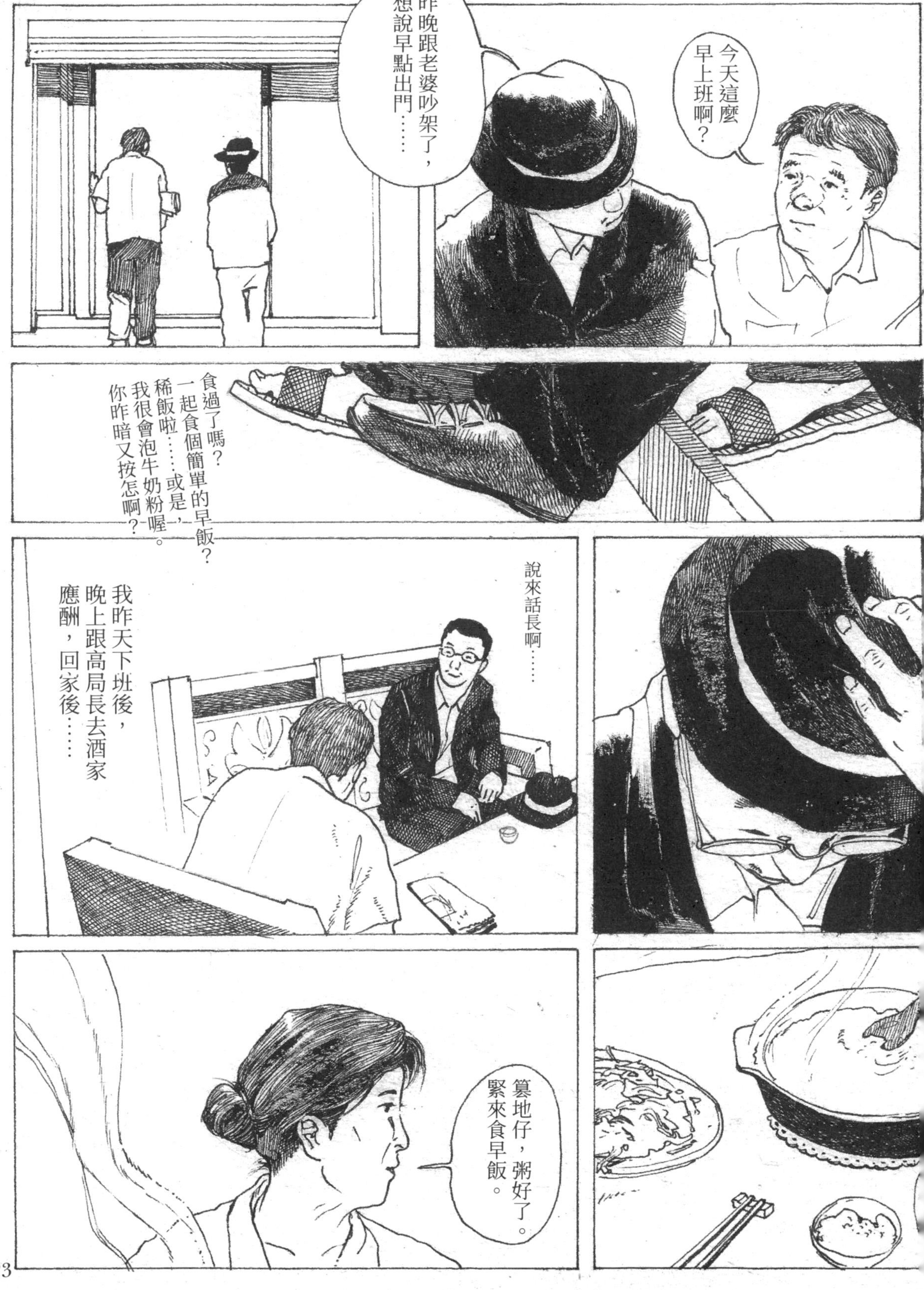
今天這麼早上班啊？
昨晚跟老婆吵架了，想說早點出門……
食過了嗎？一起食個簡單的早飯？稀飯啦……或是，我很會泡牛奶粉喔。你昨暗又按怎啊？
說來話長啊……
我昨天下班後，晚上跟高局長去酒家應酬，回家後……
篡地仔，粥好了。緊來食早飯。

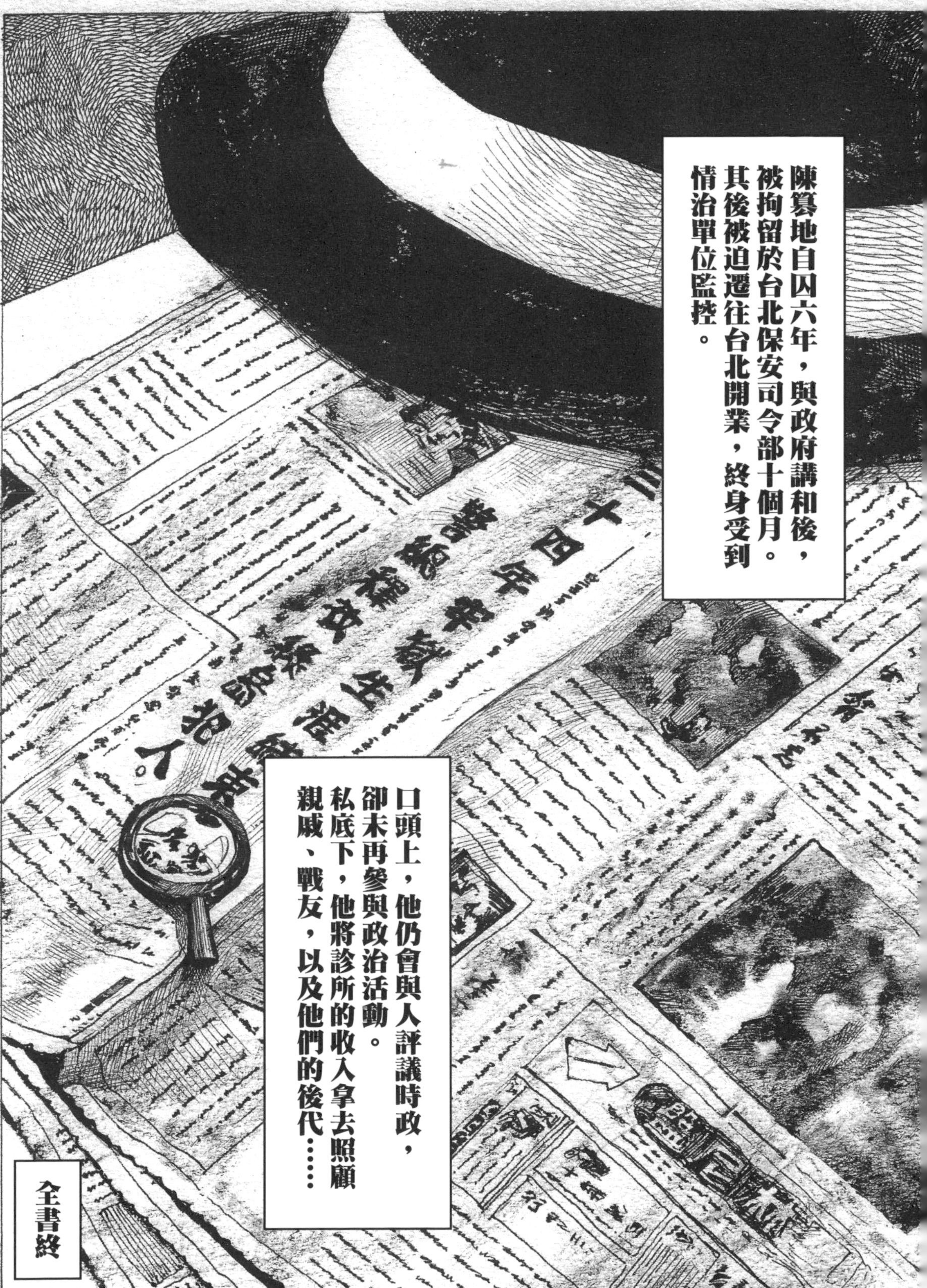
陳篡地自囚六年，與政府講和後，被拘留於台北保安司令部十個月。其後被迫遷往台北開業，終身受到情治單位監控。
口頭上，他仍會與人評議時政，卻未再參與政治活動。私底下，他將診所的收入拿去照顧親戚、戰友，以及他們的後代……
全書終

## 《46：1949白色恐怖的濫觴》

柯景耀與黎元君在孩童時期曾目睹二二八時菁英被槍殺的場景，兩人久久無法忘懷。多年後兩人分別進入台大以及師範學院就讀。

1949年3月20日，柯景耀與黎元君共騎一台單車，被警察攔下後帶回警局毒打。消息一出，數百名學生包圍警局，提出釋放兩人以及五大訴求。隔日，一千多名學生再次走上街頭包圍警局請願，最後警方因人數壓力向學生道歉，但此次包圍行動已驚動中華民國政府當局。

## 《最後的二條一：1991叛亂的終結》

991年5月9日，中華民國政府調查局違法逮捕了陳正然、偉程、王秀惠、林銀福，指稱他們受到史明的資助，在灣發展獨立台灣會的組織，並以懲治叛亂條例第二條第項起訴四人，最重可處死刑，此舉令社會嘩然。

華與社團同伴立刻聚集在中正紀念堂前靜坐抗議，隨後展開罷課行動，到了五月十五日更升級行動，串聯各大罷課的學生，聚集在新落成的台北車站，高舉「廢除懲叛亂條例、反對政治迫害」的訴求布條進行靜坐抗議。

## 《民主星火：1977衝破戒嚴的枷鎖》

◆本書榮獲文化部中小學生讀物選介漫畫類推薦

1977年桃園縣長選舉當天，一對老夫妻的選票被選務主任沾了手印變成廢票，黨外監票員與圍觀群眾抗議，但警察仍視而不見，僅把黨外監票員帶回中壢分局，聽聞消息的憤怒群眾直接包圍中壢分局，而阿文也和同伴一起前往現場。

警民對峙一觸即發，一瞬間只見催淚瓦斯與汽油彈齊飛，場面混亂失控，倉皇中阿文見到警局上方的狙擊手瞄準了群眾，而阿裕也在人群中……

# 社會事

## 權勢者的勝利手冊

## 台灣地方政治史的50個關鍵字

社會事
權勢者的勝利手冊
台灣地方政治史的50個關鍵字
第一本從50個關鍵字認識台灣地方政治專書！

第四十六屆金鼎獎
優良出版品
推薦
GOLDEN TRIPOD AWARDS
for Publications

◆本書榮獲46屆金鼎獎優良出版品
◆文化部中小學生讀物選介人文社科類推薦

**黨國結構・地方派系・黑金利益**
**生猛躁動的台灣選舉有效之術**

台灣從日治到民國以降，外來政權皆企圖以地方選舉攏絡仕紳菁英與地方派系。這樣的收編扶植，的確對鞏固政權起了相當大的作用，但地方派系累積實力後不願再任憑國民黨支配，加上一九八〇年代民進黨成立和經濟飛速成長的社會環境，造就了國民黨與黑道結盟出馬競選、商人為鞏固事業拉攏黑道進入商場、國民黨選舉時再與商人金主合流牟利：國民黨、黑道、金主三位一體的「黑金政治」時代。

本書將這些台灣民主轉型過程中地方上各種光怪陸離的政治現象，彙集成四大章節總共50個關鍵字，以淺顯易懂的故事一一分析那些鎂光燈焦點之外的權勢競爭細節，包括了：候選人在選舉期間，究竟是透過那些組織團體匯集選票與經費？競選團隊如何無視選舉法規，利用種種令人瞠目結舌的手段贏得選舉？政治人物在網路不發達的年代，要怎麼操縱媒體，樹立形象？以及那些從政背後的真正目的：以政治權力為手段，到底能帶來多麼驚人的利益？

這50篇關鍵字透視出的，是我們這一代台灣人所不熟悉，卻也必須了解的地方政治歷史，也是今日持續發生，無法逃避的選舉真實面貌。

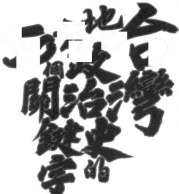

國家圖書館出版品預行編目(CIP)資料

尋找陳篡地：1947遠方歸來的人 / 張辰漁作. -- 初版. --
臺北市：前衛出版社, 2024.03 面； 公分
ISBN 978-626-7325-22-3(平裝)

1.CST: 陳篡地 2.CST: 傳記 3.CST: 漫畫

783.3886 112008891

# 尋找陳篡地：1947遠方歸來的人

作者/主編 張辰漁
編 劇 阿虎&鹿青、莊岳燊
繪 者 阿鄉
執行編輯 張笠、莊岳燊
出版策畫 林君亭、張辰漁
封面設計 許晉維
美術編輯 Nico Chang

出 版 者 前衛出版社
10468 台北市中山區農安街153號4樓之3
電話：02-25865708｜傳真：02-25863758
郵撥帳號：05625551
購書・業務信箱：a4791@ms15.hinet.net
投稿・編輯信箱：avanguardbook@gmail.com
官方網站：http://www.avanguard.com.tw

出版總監 林文欽
法律顧問 陽光百合律師事務所
總 經 銷 紅螞蟻圖書有限公司
11494 台北市內湖區舊宗路二段121巷19號
電話：02-27953656｜傳真：02-27954100

出版日期 2024年3月初版一刷
定 價 新台幣380元

ISBN：978-626-7325-22-3（平裝）
978-626-7325-25-4（PDF）